什么是生命原理

〔德国〕埃尔弗丽达·米勒-凯因茨 著
黑德维希·哈耶都

李婧 译

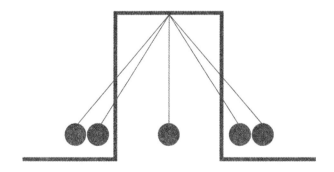

上海三联书店

目　录

附

生命原理
——在纷繁复杂的世界里给人安全感

我们生活的时代真有意思，周遭的一切都在变化，唯一不变的就是变化本身。接踵而至的不仅是技术的进步和生活的改善，还有人们内心的躁动和不安。我们总感觉难以跟上变化的脚步，所以孜孜以求心底的那一份安全感。

无论风云如何变幻，有些事物却深刻隽永，给人以支撑和寄托，这也正是我们所寻求的。本书中的自然原理或者生命原理，即为我们常说的规律性，它能帮助我们实现内心的平静。生命原理诞生于宇宙洪荒，延续至今，即便在无限遥远的未来，也将依然存在，它不以人类的意志为转移，能让我们在这个躁动不安的世界里保持镇定。

有人想在物欲横流的世界中独自寻求内心的宁静，但又担心这样会脱离现实，关于这个问题，我们将在本书中找到答案。

我们可以让生命原理为己所用，小到个人、大到世间万物皆有其规律性。生命原理可以帮我们找到属于自己的幸福，但首先我们要去认识和理解它。

这本书还可以让大家对生命原理有全新的认识。

本书的第一和第二部分全面介绍了生命原理本身和它的作用方式。这两部分的内容告诉大家，生命原理其实是一个普遍成立和普遍适用的秩序体系。此外，我们还谈到了生命原理在日常生活中的应用。在某些颇具趣味的章节中，我们还举了些日常生活中的例子，让内容更加通俗生动。

第三部分主要介绍生命原理如何指引我们的生活，如何帮助我们应对各种状况。生命原理中的各个细则协同作用，若善加利用，则有利于身心健康，这是笔不可估量的财富。

本书架构清晰，便于读者阅读。书中谈到的原理可以帮我们理顺工作及生活的方方面面，不失为一道独特的心灵鸡汤。

第一部分　生命原理——我们的引路人

生命原理
——鲜为人知的真理

生命原理真的是"养在深闺人未识"吗？其实我们每时每刻都在同它打交道，只不过自己还没有意识到。

生命原理是一张包罗万象的网，由各条细则组成。它无所不在，作用于整个宇宙。

"生命原理"听起来会给人以距离感，容易让人觉得这些原理离实际生活十分遥远，和寻常百姓的关系不大。但事实恰恰相反，它其实有如我们的皮肤，和我们紧密相连，一直是我们的引路人。只有在它的作用和帮助下，我们才能生活。这其中的缘由我们将在这本书中为大家娓娓道来。首先我们将向读者介绍生命原理。

注：我们有时将"生命原理"简称为"原理"。

无所不在的生命原理

树枝上的粒粒露珠散发出彩虹的七色光。我们是否意识到，正是生命原理赠予了我们这一番美妙的景象？这些原理涉及天气、光的折射、水的张力和让我们拥有视觉的身体机能等各个方面。

工程师应用物理原理，发明复杂的机器；化学家观察试管中的变化，观察原理如何发生作用，在什么条件下一种物质会和另一种物质发生反应，反应的结果是什么。

在人文方面，我们也离不开生命原理。一个人从消极变为积极，是遵守了自我发展原理；原谅别人，这体现了人际关系原理。原理成千上万，所以这样的例子不胜枚举。

原理无处不在。它作用于人类存在的各个方面，包括物质层面和精神层面。物理原理、化学原理，还有让动植物和我们人类诞生的原理——简而言之，生命原理主导着我们周围的一切和我们本身。

而其中最伟大之处在于，决定我们人类功能的各种原理能相互协调，共同作用。人类的大脑是最先进的"电脑"，是旷古未有的伟大发明。我们把它比喻成指挥中心或电脑内存，它是衔接身体和灵魂的桥梁。在精神原理的帮助下，灵魂、性情、品格、才能和潜质才会拥有无限的发展可能。

可惜我们对此知之甚少。我们更熟悉作用于物质层面的原理，因为我们更相信能用自己的感官感受到的东西。也正是因为如此，大部分人并不笃信作用于精神层面的原理。如果想得到原理的帮助，首先我们要承认它的存在并能理解它的作用方式，这也是本书的主要内容之一。我们还研究物质层面的原理和精神层面的原理如何协同作用。

看到这里，大家自然会问：

生命原理从何而来？

为什么它会帮助我们？

它凭什么能做到，是什么赋予它这样的能力？

它可信吗？

我们能够改变它吗？

它有目标吗？

认识生命原理对我们有何用处？

在接下来的文章中，我们将率先回答最后一个问题。通读本书后，读者将找到其他问题的答案。

掌握原理——一生的收获

生命原理同人类时刻相伴，让我们从物质层面说起：

原理使我们的物理存在成为可能。人体建立在一系列身体机能的基础之上，各种身体机能精确配合。这点也启发我们应当善待自己的身体。

原理能够让所有身体需求得到满足。

原理给我们提供了适宜居住的环境，维护这个环境是我们义不容辞的责任。我们对原理了解得越透彻，就能越好地履行这份责任。

对人的存在而言，精神层面是最为重要的一面。精神层面的原理也通过各种方式支撑着人类的精神存在。

生命原理为我们做了些什么？

它是生活的引路人，而且又不会强人所难。它的目的是使我们的行为能有利于创造自己的幸福。

它有助于我们的自我发展。

它让我们更好地认识自己。尤其是镜像原理，将更充分地发挥这个作用。

领悟了原理后，我们能找到自己在宇宙万物和大千世界中的定位，所以它让我们更加自知自信。

它带领我们找到生活目标。

它里面藏着锦囊妙计。掌握了原理，我们可以快速摆脱不妙境地，走出死胡同。每天都是一个新的开始，这条原理一直给予我们鼓励。

它帮助我们营建和谐的人际关系。

在儿童教育中，它是不可或缺的一环。

它告诉我们如何远离疾病，保持健康。

它给予我们安全感，帮助我们克服焦虑和恐惧。

我们对原理参悟得越透彻，收获就越大。本书将介绍如何领会原理，如何让它给我们带来成功和幸福。

第二部分　先去了解，才舾理解

对原理的初步认识

　　人类是如何发现事情往往是遵循某种规律的呢？认识物质层面的原理其实并不难。通过日常观察，古人掌握了很多物理原理和化学原理。他们观察天气，找到其中一些固定的联系，他们还描绘出了天体的运行轨迹。大自然中很多有规律的运动就是这样被发现的。虽然早先人们的认识还不全面，而且有些观点如今看来荒唐可笑，但其实自17世纪初以来人们总结出了很多实用的原理。古埃及人相信太阳乘着金色的战车驶过天空，战胜黑夜后于清晨凯旋，但这并不妨碍他们准确地算出昼夜和划分四季。在欧洲历史上也上演过同样的故事。在伽利略（1564—1642）之前，人们都认为太阳围绕地球转。尽管如此，当时已经能比较准确地划分出月份，后来引入格里高利历（即阳历）对置闰的修订（1582），使得历法更加完善。掌握的原理越多，人们对世界的认识就越全面、准确。

　　人类也通过自己的亲身经验认识到很多精神层面的原理。这体现在众多的谚语、俗语中，而几乎各国语言中都有这样的谚语和俗语。它们通常弘扬值得推崇的举动，劝诫负面的言行。

　　德语中，有三句谚语体现了真诚原理："真诚恒久远"、"谎言站不长"和"人无信不立"。

"勇者无敌"体现了勇气原理,但狂妄不包含在其中。

有句话说:"没有一蹴而就的大师。"它告诉我们,每一个善果都是积累而来的,这就体现了小步走原理。类似的谚语还有"小步子是好步子"。一味冒进带来的后果往往是力不从心,后力不足,最后就会导致半途而废。

讲吸引原理的谚语有"物以类聚,人以群分"。

"跌进给别人挖的坑"说的是对别人使坏招致的恶果。

"以人为鉴"说出了镜像原理。

谈到精神原理的俗语数不胜数。但是要小心,并不是所有俗语都有道理,有些也是精神糟粕。其中最为人熟知的恐怕就是"小善不为善,小恶不为恶"。助人一次就是一次善举,打人一次是一次恶举,抢一次银行就是犯罪,这里并没有大小之分。

人类意识到自身无法摆脱原理的作用,所以开始相信很多事情冥冥之中自有安排。他们相信神安排好了每个人的命运。他们尝试影响神,让神眷顾自己。他们向神呈献祭品,求神满足自己的愿望。而献祭的理由也是多种多样:为有个好收成;因死里逃生而献上感谢的祭品;在采取风险行动前,尤其是大战之前献上祭品求神保佑;为祈求神的宽恕而献祭。

人们还尝试洞悉神的意愿,认为可以从某些先兆中看出端倪。祭祀的任务曾经是判断某个计划是否符合神的心意。在古罗马,占卜师通过观察祭祀牲畜的内脏预测吉凶;希腊人询问德尔菲神殿的女祭司;日耳曼人坚信他们的神奇文字鲁内文(日耳曼最古老的文字)中藏有玄机,从中可以找到答案。

在生活中，很多人相信先兆和预言，相信只要依此行事，就能无往不利。一则有关亚历山大大帝的故事可谓尽人皆知：他去德尔菲求神谕，但是女祭司表示她当天的工作已经结束，不想再返回神庙。亚历山大强行把她扛回神庙，结果女祭司对他说："你是不可违逆的。""这对我就足够了。"亚历山大答道。随后他就踏上了创建世界帝国的征途。他把女祭司随口说出的话当成了神谕。

如今也还有吉兆和凶兆么？答案是肯定的。自然原理一如既往地主宰着我们的生活。现在它的作用范围甚至更广。如果我们的行为符合原理，结果就能尽如人意；而一旦我们准备作出错误的决定，往往就会得到警示，这些警示以事件或者某种感觉的形式出现。同样，当我们行事正确时，心中通常有种笃定的感觉。

每个坦诚面对自己、仔细思考自己的人都会认识到，周遭的事情就是提示，因为我们经历的一切都是我们的行为和决定造成的结果。我们的思想、言语和行为是不久或者很久之后发生的事情的起因，从后果中我们可以看出当初的行为是对是错，这就是因果原理的内容。

现在有去物质主义的趋势，人类又重拾精神价值和生命原理。现在我们对原理和原理作用方式的认识远胜于从前，越来越多的人认识和熟悉生命原理。

通过观察和借助感官，我们可以破译生命原理的"语言"，这样我们就能够让原理为我们所用。我们将用整个第二部分的内容来讲述生命原理的语言。

生命原理的奇迹

在本篇文章和接下来的几篇文章中，我们将介绍一种让读者耳目一新的思维模式。在开始介绍这种模式之前，我们首先需要理解生命原理及其作用方式。我们将通过众多事例说明生命原理如何成为我们的良师益友。

宇宙中最初产生的是空间和时间。生命原理也"一直"都存在吗？它也以某种形式不断变化着吗？为了回答这个问题，我们需要回顾宇宙的发展历程。我们确定宇宙有自己的开端，但它诞生于何时我们却不知道。我们就设定它诞生于很久很久以前。

对于"宇宙的诞生"这个问题，哲学家和科学家众说纷纭。但这两大派的理论有一个共同之处：它们都无法被证实，也就是只停留于猜想层面。很多一度被认为正确的科学理论和研究结果后来都被推翻。或许我们永远也无法得到有关宇宙起源的确切解释。既然如此，那么所有的想法和假设都可能成立，我们只是根据它们的可信度来选择采纳或摒弃。

在这里我们想稍加解释，让大家能够理解生命原理如何发挥作用，我们如何在日常生活中认识它。其实关键在于读者在多大程度上认可我们的说法。

宇宙在不断变化，这点是经科学证实的。宇宙的变化过程没有终结，是持续不断的。这样的过程也必然有个开始，也就是说，从一开始就有变化的存在。什么变化了？什么促成了变化？一开始必须存在一些可以变化的东西，这些东西是什么呢？

宇宙是无尽的，它不断扩张。既然它不断扩大，那起初肯定比现在小很多。宇宙之初必须存在某种形式的空间。存在空间的地方，必然也存在时间。因为空间的存在即"现在"，也就是时间。但现在不会一直是现在，而将成为过去，它其中还孕育着未来的萌芽。所以这是个持续不断的发展过程，一个扩张的空间在初始的时候比现在小，在将来比现在大。时间因素在其中起着至关重要的作用，因为每个变化过程都需要时间。时间从不静止，而是一直处于运动中，空间也是如此。我们可以想象，这些运动是遵循着某种规律的运动，或许从一开始就是通过运动产生了能量。如今我们都知道"振动能量"这个概念。随着时间的推移，很多这样的振动持续变化，变得越来越有效率，形成新的振动模式或者振动频率。

振动产生的能量越多，它的作用也就越强，这样就形成了不同的振动模式。合理的结果是，最能有效产生能量的振动保留了下来，其他的振动退出舞台。也可以理解为，如果振动产生的某种效果是宇宙发展所需要的，这种振动就能保留它的频率和形式，成为规律和原理。

为了避免各种原理相互妨碍，并让它们不断产生能量，必须存在某种秩序，这种秩序必须有协调各种原理的能力。乍看这似乎难度很大，但其实迄今为止，各种生命原理一直是并行不悖的，如果不是这样，一切就乱套了。想想人体的新陈代谢就能明白，如果实现营养物质输送的物理原理和作用于消化的化学原理不能保持一致，人恐怕早就饿死了。

为了实现宇宙的持续发展，得把这些原理纳入宇宙秩序。要实现这一目标，振动的形式需要越来越高效和多样化，由此也愈加纷繁复杂。生命原理发展为蕴藏着无穷智慧和能量的客观存在。

生命原理的能力

现有的物理知识告诉我们，从一开始各个原理就进行着严丝合缝的合作。只有相互协调，才能实现发展。没有哪条原理能够孤立存在，也没有什么原理是没有任何来由、不起任何作用，只为存在而存在的。振动的形式想留存下来，首先要能融入一个有意义的体系，要建立能保障各个原理有效合作的秩序。这些原理必然拥有某些能力，才能组建起一个秩序体系。

自我发展能力。生命原理已经拥有自我发展能力，但它还必然拥有其他一些能力，才能成为整个秩序体系的一部分，这些能力列举如下。

沟通能力。沟通是重要一步，这些原理必须相互理解和融合，才能建立起一个系统。沟通不一定要借助物质，比如还可以借助心电感应和直觉。

规划能力。只有拥有了沟通能力之后，才能产生规划能力，才能为解决问题而采取行动。无规划的行动就无法产生秩序。

思考能力。思考能力是采取有规划的行动的前提。

原理能够思考，这似乎是天方夜谭，因为我们通常觉得大脑和思考是密不可分的。但我们再想想，神是如何思考的呢？他没有以实体形式存在的大脑，但却没有人能像他那样缜密地思考。

相异性。有了相异性，才能避免各条原理进行不必要的竞争，竞争会给秩序造成毁灭性的打击。每条原理必然有其优势的作用领域。

完美协作能力。各条原理正是通过协作的方式才建立了这个体系，而这个体系又为协作提供了基础。只有如此，有意义的过程才得以完成。我们身体内的各种机能运转以及它们的精密配合就是很好的例子。

创造这样的秩序体系还需要创造力和智慧。

生命原理是有自我发展能力、沟通能力、规划能力、思考能力和协作能力的具有相对优势、创造力和智慧的力量。

生命原理拥有这些能力，会让人觉得它是个活物，但事实并非如此。尽管我们人类也具有上面提到的这些能力，我们却不拥有能客观发挥作用的生命原理。区别在于，我们是个体，我们有自己的个性和属于自己的灵魂。我们能够和原理合作，是因为原理拥有和我们相同的能力，所以它也更容易被接受。生命原理是中立的、不带任何个人色彩的，而且它绝对客观。它现在是也将一直是宇宙中不可或缺的力量。

秩序体系

为把无数的生命原理和它们错综复杂的作用领域囊括在一个有意义的、完整的秩序中，必须建立一个体系。我们在上面提到的那些能力，是生命原理能自食其力地创建这样一个秩序体系的前提条件。这个体系还必须确保生命原理能不断改进和日臻完善，还要能够促成新原理的诞生，否则就不会有继续发展这一说了。

在每个秩序体系中都存有层级，生命原理也有一个上级。它负责让每条原理各司其职，避免职能重复的现象出现。它还监督所有原理，让它们顺畅合作，以促进宇宙的进一步发展。这位最高主管就是能量原理，即所有的发展都产生能量，将会永存；所有的停滞都流失能量，将会覆灭。对这条原理的称呼很多，它在这里也被称作"发展原理"或者"最高法院"。

为什么说能量原理是最高原理呢？物理学家很久以前就发现，能量是不会消失的。核心是所有的现象甚至宇宙本身都是能量。它时而以物质、时而以生命原理、时而以思想、时而以直觉、时而以潜能甚至灵魂的形式出现，但它始终是能量。振动的形式决定了能量属于哪个领域。今天我们知道，所有的存在都是振动的，粒子从未静止过。

科学认为宇宙中存在一定的可供使用的能量。物理学认为能量既不会消失也不会新生，能量只会转化。利用能量时的确如此，没有机械能够创造或者消灭能量，所以世上根本不存在所谓的永动机。我们活动所用的能量来自宇宙，它在我们使用了之后依然存在。在所有能量转化的过程中都有一部分能量转化成了热能，这就是热能原理。

汉斯·哈斯提出的能量体理论从另一个有趣的角度揭示了能量的使用。他提出的"能量体"这个概念是指从能量源中获取能量的个体。所有的生物，不管是单细胞生物还是人类，都被称为能量体。能量体必须有能量的盈余，来满足所有生命活动的需求。能更好地利用能量的物种就有更大的生存几率。哈斯认为，能最有效地利用能量就意味着拥有最强大的发展潜力。不仅生物，所有能够利用能量的事物都是能量体。他在书中写道："直到人类出现，生物体和能量体这两个概念才有了显著的区别，因为人类的创造力有了极大的发展，他们能够制造工具并能够有目的地使用工具，而且还能够用语言与同类交流。"

在他的能量体理论中，闲置能量被视作继续发展的动力，这点很有趣。但是否也可以由此证明，生命原理无法创造能量？这岂不是和发展原理背道而驰？发展原理认为发展是没有尽头的，所以无法从一开始就确定发展所需的全部能量。我们认为，宇宙中所有发展过程所需的能量远远大于现存的能量。所需能量总额提高了，现有的能量只有身兼数职才能满足需求，只有从没有意义的存在中抽取能量。这样岂不是破坏了宇宙的继续发展？此外还有一个问题：科学家认为宇宙中存在巨大的能量，那么在宇宙发展的哪个阶段诞生了这些足以维持自身总量不变的能量呢？

所以，我们认为生命原理是能够创造能量的，这为发展奠定了基础。如果生命原理作为有效的振动形式，从一开始就能创造能量，为什么现在就不能再创造能量了呢？如果它停止了振动，它还会存在么？因为神和每个灵魂也都是具有无穷潜力的振动形式，所以毋庸置疑，他们也创造能量。我们之后还会详细讲述这一点。

还有一个原因：生命原理也在自我发展和日臻完善，在创造的过程中不断有新的原理诞生，所以宇宙中的能量总量不是固定不变的。

那么是否存在相互抵触的生命原理呢，也就是说，物质层面的原理和精神层面的原理是否相互抵触？或者我们还没有参透生命原理的全部？后者似乎比较有可能。在科学界已经有人提出这样的猜测，他们的想法是，以我们现有的知识无法解释"生命"这个现象，肯定还存在另一些能量原理。很多科学家很久之前就对此深信不疑，肯定存在特殊的能量源，正因为它的存在，自然才能够发展，生命才得以诞生，并不断发展进化。

沿着这个思路想下去，就会得到这样的结论：尽管曾经有证据表明，能量是无法通过物质、机器制造或者消灭的，但是我们不能就由此断言能量的总量是固定的。我们更相信宇宙中存在着特殊的、目前还不为人所知的能量源，这正符合我们说过的能量原理。

继续发展也是一种能量源。

也就是说，每次灵魂的升华都能带来能量，当然神和生命原理也能创造能量。精神原理一直凌驾于物质之上。能量创造和维系了所有的存在。

因果原理

因果原理告诉我们：有因必有果，有果必有因，在物质和精神层面皆是如此。我们的所思所想和所作所为都有其后果。我们所经历的一切并非平白无故，而是皆有缘由。人们其实很早就认识到了这个道理，所以会有"种瓜得瓜，种豆得豆"这句俗语。

在作出某项决定后，必然会带来某种后果。结果是否尽如人意，取决于它的起因，也就是所作出的决定。

能量原理是最高原理，因果原理紧随其后，是第二重要的原理。这两者是所有其他原理的基础。这些原理作用于我们生活的方方面面，尤其有助于发展和性格以及人际关系相关的原理，当然也作用于同健康、工作、政治、金融和很多其他方面相关的原理。

我们将在本书中阐释因果原理的应用和实际效果。

生命原理和神

哲学和所有宗教都承认神的存在。多个领域的科学家也得出结论，肯定有神或者一种更高级的力量存在。所有理论的共同之处在于，它们赋予神永存、无所不能、无所不知以及完美等特性。有些宗教认为存在活着的神。

神是否有生命，这个问题至关重要。既然它能够创造生命，为什么自己却没有生命？生命意味着变化，意味着发展。另一个疑问也随之产生：存在永恒不变的神么？如果他也会变化发展，那这是否意味着他也有生命？

为了找到有说服力的答案，我们要弄清"完美"这个概念。我们大都认为完美就是终极，是不可超越的，终极状态是终点，也是发展的尽头。但其实如果停止了变化和发展，也就没有了能量，必然会走向末路。而神是永恒的，这就意味着他不能是终极的。

如何让"完美"和"永恒"并行不悖呢？只有把完美视作一种无尽的发展。可惜我们对完美的传统认识比较刻板，很多人觉得承认神也是需要自我发展的是对神的亵渎，而且我们也很难想象神是以何种方式发展自我的。但可以肯定的是，神不像我们人类那样有这么多需要改正的缺点。创造能量的能力让神更加丰富和完善，这增强了他的力量和创造潜力，由此也让他更有影响力。

为了让宇宙得以维系和继续发展，需要在以振动形式存在的原理之间建立起更有目的性、更加智能和更加复杂的联系，同时还要实现能量的增长。按照最高的能量原理，生命原理本身也只有通过不断发展才能存留下来。因为有新的原理产生，而现有的原理也将获得更多的能量，所以生命原理的影响力也不断扩大。

我们认为，生命原理具备引导灵魂诞生的能力，也就是能催生极其复杂和智能的、包含了意识的振动形式。这些振动形式不是完全相同的，分为阳性灵魂和阴性灵魂。

这两种灵魂不断发展，也由此不断积蓄自身的能量。它们的振动形式不断改善和提高，经历了很长一段时间之后，最终达到了完美，也就拥有了我们所说的"神性"。这意味着实现了均衡的、高度的发展。两种灵魂发展成了"两位一体"。其中原来的阳性部分被称为"神"，原来的阴性部分被称为"灵"。

那么在初始形式中，阴、阳分别表示什么意思呢？尽管振动形式不一样，但两者取长补短，相互补充。这其中蕴含了巨大的发展潜力，因为它们能汲取对方的特性和能力。两者均达到阴阳调和的中性状态，起初的差异性可谓功不可没。通过合作、共生和镜像原理，两者同原先相比，能更轻松地作出正确的决定和增加能量。一方对另一方行为方式的反应就是一面镜子，从中能看清楚自己。

尽管说得如此简单，其过程其实异常艰难。因为这种发展完全是无形的、精神层面的，没有实体的反馈。但成果却是伟大的、独一无二的，值得我们尊重和赞赏。而对神和灵来说，这也是一桩幸事，因为经历这样波澜起伏的发展过程要好于平平淡淡地安于现状。生命原理基于发展，神和灵也没有排除在这个规律之外。

对于宇宙的发展来说，两位一体的神至关重要，因为他以完美的特性和巨大的潜力构成了一股无法想象的强大力量。通过与生命原理的合作，神和灵这两股力量的能量结合了起来。由此诞生了比以前更多的生命原理，而这些生命原理在之后的发展过程中又得到了神灵的帮助。从这点看来，称生命原理为"神的原理"也是有道理的。

之后就诞生了个体，这让主观力量的发展成为可能。这需要创造性的活动，需要善用已有的原理和创造新的原理。个体也是宇宙中不容忽视的一股巨大力量。

神和灵的主观力量和生命原理的客观力量完全不冲突，这两种力量共同引导着宇宙的进程。神和灵把生命原理视作伙伴和执行助理。

爱在何方

爱的本质是什么？它是个体灵魂间奏出的和弦，它是和谐、安全、和平。它让共同发展成为可能，它是能撼动一切的无穷力量。它是宇宙的重要原理，因为它源于神。

不仅我们需要爱，爱也需要我们，这样它才能发展。我们人类在地球上以不同的方式感受爱。持久的爱是精神上的、灵魂上的，它让我们所有的特质得到进一步发展。但即便是世间最纯粹、最美好的爱，也只是神灵之爱的余晖。神与灵之间无限、永恒的和谐孕育了爱的源头。爱不是呆板僵硬的，它是不断流动的能量，它把不同的个体连接起来。

神和灵这两个最高个体的和谐共振组成了完美的整体，两者以互补的方式兼具了所有的特性、能力、知识和力量。在《圣经》中，圣灵被描绘成鸽子。这也表示，灵是可以脱离神而独立存在的。这在耶稣受洗和圣灵降临中都有表述。

有爱的地方就有生命。

没有爱，能量会流失，我们都能切身体会到这点。我们都知道，没有爱的行动多么容易导致矛盾、战争和杀戮。没有了爱，便没有了生活。如果神和灵没有了爱，后果将不堪设想。

令人惋惜的是，人们经常谈论和描写神，却很少提及圣灵。这种不全面的描述容易让人忽略爱的神性。我们必须深知，神和灵是关爱我们的父母，我们沉浸于这种爱，同神之间有了母子般的感情，我们才有了爱的能力。

为了方便阅读，我们统一用"神"这个词。我们在之后的文章中还会讲到有关"神"的内容。

上帝和创世

对于神和灵来说，创造每个人的灵魂和创造我们生活的世界，并非难事。

《约翰福音》中说："太初有道，道与神同在，道就是神。"在《圣经》的希腊文原文中，被翻译为"道"的词是"logos"，logos也有原理和理论的意思，因此我们可以把"道"理解成原理。

我们了解了上帝和圣灵的创世后，才会明白，上帝和圣灵拥有多么无穷的知识、才智、特性、才能、想象力、创造力和能力。没有最高的智慧，这些是无法实现的。

我们惊叹于创世的杰作，那么创世的前提是什么？《圣经》中描写了创世的故事，我们可以感受到这需要多么博大的爱和智慧。

沿着我们上面讲过的思路，就能理解原来上帝和圣灵在创造灵魂的过程中是从自身的经历中吸取了经验。上帝和圣灵体验了通过何种方式才能继续发展，同时也希望我们能这样继续发展。因为上帝和圣灵如此博爱，并不希望我们孤立无援地只身完成这个使命，所以想出了让我们继续发展的捷径。上帝和圣灵创造了地球，为我们营造了物质环境；创造了我们的肉体，让它来反映我们的行为方式。我们可以通过这种方式证实作出的决定是促进还是妨碍了我们的发展。

这是多么周密的规划，多么伟大的成绩！地球并不是一件已经完工的作品。据我们所知，地球在发展过程中因为气候条件等原因发生了很多变化。即便今天，气候依然在不断变化，这也引起了一系列的地质变化。曾经的地球并不适宜人类居住，为了创造一个能诞生和维系生命的地方，很多原理之间的新联系必须先被建立起来。

开始是植物和动物的诞生，每个物种都按照各自的原理生活。同时还需要有个完整的体系，使所有动物和植物，也就是所有生物都能在其中找到自己的位置。对现如今已经灭绝了的早期动植物种类也是如此。所有的这些发展最终创造了此后人类诞生的条件。

创世中的一项杰作是 DNA 的发展。它确保从橡果中长出橡树，从鸡蛋中孵出小鸡和从受精卵中孕育出人。无数信息被记录和储存在信息载体上，每个物种传递着自己的信息。在寻找生物共性的过程中，科学家们发现了"基因"，也就是遗传物质，每种生物的发展过程都被记录在基因里面。此外，肤色、发色、家族体貌等个人特征也会遗传。信息学家维纳尔·吉特从这些事实中找到了上帝存在的有力证据。他说："DNA 上记录的信息远远超过了我们现有的科技。既然没有任何一个人是这些信息的发出者，那么它肯定来自我们已知的世界之外。我们可以认定：发出者不仅拥有超乎寻常的智慧，还要掌握无穷的信息，也就是说他无所不知。"

如果不是来自创世者那里，那这些信息还能从何而来呢？但灵魂并没有 DNA，我们将在本书以后的部分讲到这点。

上帝的创世计划也是以发展原理为基础的，而并不是终极的、亘古不变的。这又体现了一条重要的生命原理，也就是发展原理。

能保证持续发展的创造才能存留下来。

人类也是根据这个原理被创造出来的。首先需要创造的是大脑，它必须能肩负起复杂的指挥任务，成为连接身体和灵魂的桥梁。纵观人类发展史，这部奇妙的"电脑"，也就是我们的大脑不断地得到改进和完善。

创世中最辉煌的时刻是灵魂创造的时刻。上帝和圣灵以自己为模板，即以有意识的、阴阳两性的灵魂为模板。以神为模板也意味着我们人类也有可能历经类似神一样的发展。神给予我们自由意志，让我们能够自主选择自己的道路。《圣经》中也提到了这种思想。《诗篇》第 86 章第 6 节中说："你们是神，你们都是最高者的儿子。"我们永远也不能同"圣父"一样，上帝和圣灵永远代表着最高的力量和智慧，因为在我们发展的同时，上帝和圣灵自身也在不断发展，所以他们总是走在我们前面。

在物质层面上，阴阳两性灵魂的不同会在肉体上体现出来。这有两层意义：两性各自特有的性格让两者在生活中各司其职，此外两性还蕴含着极大的发展潜力。神和灵将所有的阴阳特性集于一身，个人灵魂也可以这样。为了达到这种阴阳调和的状态，女人需要具备男人的某些特性，男人需要具备女人的某些特性。

但这并不是说让女人变成男人婆，让男人变成娘娘腔。双方应该取对方的优质特性为己用，让双方的振动模式取长补短。

仔细想想，如今这方面已经有了很大进步。生命原理在职场和个人生活中创造了无数推进这一过程的情境。接受这种发展、视之为己任并落实在生活中的人，能够更加理解异性，能够和大家愉快、和平地相处。相互学习意味着放弃批评，意味着投资未来。

发展中的学习过程
积极的

男性	女性
特性	
勇气	敏锐
执行力	体贴
独立	善于和人打交道
自强	关注健康
注意力集中	设身处地地为他人着想

耶稣证明了人能够达到神的级别，他是第一个做到的人。在灵魂的发展阶段上，他和上帝以及圣灵实现了一致，但他并没有丧失自身这个个体。从耶稣到神，这是条继续发展的道路。我们可以自主决定是否效仿耶稣，最终成为神的友伴。心甘情愿是实现爱的关键，因为爱是不能勉强的，它以自愿的牺牲和付出为基础。

生命原理也必须不断适应新的条件和实现自我发展。这意味着它必须不断改进自己的影响力，意味着必须有新的振动形式，也就是新原理的诞生，这样才能配合神的规划。我们可以通过一个例子来理解这点：为了能听得到看得见，需要很多原理相互作用。光有眼睛和耳朵是不够的，它们仅仅提供了原理作用的物质条件，而要听得更清楚看得更明白，就需要有更多的原理参与进来。技术的进步也需要新的原理随之产生，很多原有的原理发生了改进或者改变。从神的整个创世过程中，我们可以看到神的各种规划如何相互作用，以及如何借助生命原理来实现这些规划。这一发展不会休止，因为神的创造力是无限的。

我们也有创造力，因为神以自身为模板创造了我们。灵魂也为我们自身的持续发展不断注入活力。我们的任务是利用自身的创造力和才能，为宇宙的继续发展献出自己的绵薄之力。现在世界的变化速度比以前快很多，人们经常说这个时代的生活节奏快。或许这同宇宙总能量的增加有关，这些能量让生命原理有了更大的用武之地，所以能够实现更快的进步。

我们生活的意义在于，为神维系、美化和完善宇宙的规划献出自己的一份力。我们可以通过自身发展来完成这一任务，这样有朝一日可以实现同神灵保持一致，获得无比的幸福。

生命原理的使命

生命原理创建了秩序，成为宇宙中的重要力量，它的最高目标是发展。因为生命原理具有客观性，所以我们可以完全信任它。如前面提到的，这套秩序建立在严格的任务分工的基础上，如此一来，各个原理相互配合，并行不悖。它们进行紧密合作，都是不可或缺的。但在这其中，精神层面的原理起着主导作用。

物质层面的原理为我们的物质存在创造了条件。它涉及所有维系生命的领域，其中也包括我们的身体原理，我们将在本书的第三部分再做详解。

精神原理在我们的精神和灵魂发展中肩负多重任务。它已经建立了一套完备的系统，是衡量我们精神成果的标尺。它同时也保障按原理行事的灵魂最终能通达神性。

每个人都有自己的价值观、信念以及生命中最重要的东西。个人的观点和决定常常受到宗教的影响，一个国家的法律和习俗也是重要的影响因素。但最终还是由我们自己来判断每种价值的重要性和如何在生活中落实这些价值观。各种宗教宣扬不同的观念，有时候这些观念甚至大相径庭。在不同的国家和社会阶层中也是如此。一个国家的惯例，在别的国家可能完全不被接受。或许有个例子能说明这点：在有些国家婚姻是包办的，这对生活在21世纪的我们来说根本不可接受。我们会觉得人身自由受到了限制，不能由自己来主宰自己的命运。但是在有些国家，这种迎合传统的做法还是很受欢迎。

精神原理的任务之一就是在我们的发展过程中予以帮助。它只有在充分了解了我们的举动、行为方式和决定后，才能充分发挥自己的作用。所以它必须能够监督、记录和规范。

很多人能随即感受到因果原理的作用，因为能够从身体的反应上看出端倪。例如：生气时面红耳赤，血压升高。持续性和经常性的生气往往会让人头疼。

只要我们留意自己的情绪状况和身体能量，就能认识到生命原理对我们的行为有怎样的反馈。好心情是奖赏，坏情绪是警告。从能量的增减上可以看出我们的行为是否符合原理。

既然每个人的情况各不相同，那么就需要有一个客观的价值体系来给大家指明方向。而生命原理当之无愧可被当作这一价值体系。它遵从最高目标，也就是推动个人和宇宙的发展。所以生命原理凌驾于所有由人制定的规则和宗教之上。它为我们指出正确的出路，但这条路往往不是简单轻松的方法和决定。我们要揣摩神和生命原理的意图，并听从他们的要求。每个人在内心深处多多少少都有自己的伦理道德判断。良知会告诉我们自己的行为或想法正确与否，而是否愿意顺从这些要求，则由每个人根据自己的意愿决定。如果遵从了原理，那就将有大收获，会让生活变得轻松很多。

不少人很抵触"顺从"这个词。我们在平时的讲座中经常发现这点。其实，听从并不代表限制个人的意愿和剥夺自己做主的权利。这只是说明，人认识到神和生命原理的明智，从善如流，跳出个人的有限视野。一人难挑千金担，众人能移万座山。绝大部分宗教也要求顺从神的意志。顺从原理让我们能更容易地作出决定，给我们指出了一条恭顺和信神之路。

　　艾琳·凯蒂在她的《打开心灵之窗》一书中把这点说得很好。她这样写道："如果你能认识到，我在你心里，你就永远不会觉得孤单，你就不再纠结于自己的烦恼。一旦出现困惑，你将会在自己的内心深处找到宁静与平和，你的问题和难题将呈现在我面前，而我会给你答案。之后你必须学会言听计从，并一丝不苟地执行我对你的内心所说的话。你必须学会照我所说的生活，而不只是一听而过。"

神与原理

神和生命原理有什么关系呢？我们在这一部分中提到了宇宙，在宇宙中有一种客观力量以生命原理的形态不断发展。所有的原理根据自身的任务发挥作用，这也意味着它们不会去迎合主观的环境，而只依照自己的方式对我们的行为作出反应。

神是一个主观力量，因为正如我们前面说到的，他是独一无二的个体，凌驾于生命原理的客观力量之上。他能够削弱生命原理的影响，如有需要，甚至会消除其影响力。神十分关注每个个体灵魂的学习环境。

神以自己的创造力和能量支持生命原理，后者毫无保留地向前者提供帮助。它们密切合作，以这种方式形成了不可超越的、拥有无穷影响力的整体。

神什么时候削弱或者消除了生命原理的效用呢？比如说，我们在报纸上读到过，在一起交通事故中，汽车面目全非，而人却毫发无损；或者有人九死一生逃过劫难。我们经常说这是奇迹，因为如果按照常理推断，这些事在现实中根本不可能发生。

美国电视台曾报道一则新闻：一栋房子在森林大火中安然无

恙。这个林区范围内大部分的树木和绝大多数房屋都被烧毁了，但这栋房子甚至包括它旁边的花园却完好无缺。房屋前的矩形草坪似乎被割草机修剪过一般，矩形外的区域却被烧得光秃秃的。

生命原理将成为我们的朋友，只要我们表现出同它合作的意愿。我们如何证明自己有这份良好的意愿呢？我们应该坚持做正确的事。但这并不是要求我们所作的每一项决定都是正确的，没有人能够做到从不犯错。发展的意思就是学会向好。自我发展，这是一种可能，也是一个机遇。强迫的发展没有丝毫意义，也不会给世界带来任何益处。能够有发展的意愿，这是神的馈赠和恩惠，我们应当接受。

评判我们的是亡羊补牢这条原理。"吃一堑，长一智"和"在失败中成长"说的都是这条原理。神希望我们理智、明智和幸福，他不希望我们背负罪责，沮丧失望。我们应当通过学习和增长见识来纠正错误。神和生命原理为我们提供了这种可能，他们营建了一所全日制学校作为我们的学习场所。

我们的全日制学校是如何运营的

"全日制学校"是什么？我们在一天中所经历的一切就是我们的全日制学校。它们往往不是什么具有轰动性的大事，而是一些琐碎小事。我们通常会忽视它们或者在事后才认识到它们的重要性。

如果"不幸"发生，比如受了轻伤、工作仪器失灵、进行了一次不愉快的碰面、同老板发生矛盾，抑或是犯了错误，我们往往会为此生气。但为什么不问问这些事情的起因是什么呢？如果有好事降临，我们就更不会去问"为什么"了。大部分人只会坐等即将发生的一切。但其实日常生活中的每一个情境都是为每个人特意创造的。每个学习场景都是用心设计的，需要我们有所反应。我们也应该从各种情境中有所收获。这所全日制学校是根据我们的发展潜能、能力和我们的发展阶段量身定做的。我们不会被安排以我们不可能完成的任务。这是一条原理。

一天"校园生活"及评语

经验表明，在生活这所全日制学校中所发生的一切和我们上学时类似。生命原理就是老师。我们来看看一个虚构人物蕾娜特一天的生活剪影。

蕾娜特和往常一样六点起床。她知道自己必须在七点半准时上路。但这天好像一切都很不顺。她把水弄洒了，得清理干净，这用去了很多时间。之后电话又响了，她又去接电话。蕾娜特匆匆忙忙才刚好赶上了公交车。她心想："今天的开局真不顺。"

在这串经历中隐含的人生课程在哪里？时间原理发挥了作用。前一天晚上蕾娜特到深夜才睡觉，因为她没有抵挡住电影的诱惑，一直看到深夜。她没有合理安排时间，正因为前天夜里身体没有得到很好的调节和恢复，所以清晨她不能集中注意力，把水弄洒了。电话铃响得也不是时候。这件事其实具有象征意义，或许想提醒蕾娜特在前一个晚上在"不恰当的时候"看了电影。

蕾娜特认识到今天必须更加集中注意力地工作。她一进办公室就开始专注而快速地处理事情，没有犯任何错误。她迅速为老板写好一份报告，老板夸奖了她。随之而来的满足感就是对她的奖励。

专注原理对她的努力作出了回应。事情本应如此，因为集中精神工作总会带来让人满意的成果，让人能量倍增。

之后发生了一段小插曲。蕾娜特的两个女同事吵了起来。她不是很喜欢其中一个同事，因为她的穿衣风格让蕾娜特倒胃口，再加上她还总批评别人，在背后说人闲话。蕾娜特迅速站到另一个同事那边，为她帮腔。她听到内心轻声地提醒："不要管这事儿。"但她没有在意。突然，这两位同事意识到这是一场毫无意义的争吵。她们都把矛头转向蕾娜特，对她恶语相向。她们指责蕾娜特总是插手别人的事情，挑拨离间，还喜欢自作聪明。这当然让蕾娜特十分不快。

> 这是全日制学校中比较复杂的一个场景。蕾娜特违反了置身事外原理，没有通过藏在这个场景中的测试。我们没有权利去干涉别人的事情。她也忽略了内心的小声警告。镜像原理也发生了作用，蕾娜特自作聪明地批评别人，所以也遭到别人的批评。

在这种情况下，蕾娜特的心情很糟糕，根本不能集中精力继续工作。她自己感觉到能量在流失。她抓住了这个暗示，开始考虑解决之策。蕾娜特很明智，她能诚实地面对自己。她鼓起勇气承认错误，并且向两位同事道歉。她作出了正确的决定，通过了对真诚和勇气的测试。现在她感觉状态奇佳，能继续专心工作了。

> 对蕾娜特的行为，能量原理的反应先是抽取能量，随后是注入能量。

诱惑也是种测试，需要我们对之作出取舍。每个人都有足够多的机会来纠正或改变自己的决定，直到他迈出正确的那一步。神和生命原理也是通过这种方式推进教学进程的。但这并不意味着我们连续数天甚至数周接受对某项品质的考验。在学校中除了测试还有授课。我们的课程就是观察周围的人，看他们是如何处事的，总结后去反省自己哪些地方还有待改善。我们还可以有意识地观察自己，因为镜像原理是我们最好的老师。这点我们之后还会讲到。

重要的是要总结出为什么我们会陷入某种不愉快的境地，这是第一步。我们知道事情的起因，才能够作出相应的修正，并尽量在下一次应对得当，不让悲剧重演。如果我们经常这样做，在学习过程中受诱惑的影响就会减少。但似乎一般都要在很长时间之后才能确定某一课程是否真的已经结业，即是否已经通过了对某种品质的考验。神和生命原理是极有耐心的老师。只要我们愿意学习，我们就会得到帮助。付出的努力终究会有回报，我们的生活会更加美好。电影《时间暂时停止》（*Groundhog Day*）就说明了这个道理。主角的每一天都是重复的，好像时间停留在这一天。而在他作出正确的决定后，也就是通过了考验，才开始了下一天。

在作决定前我们常常会收到预警，它将帮助我们找到正确的方向。它告诉我们，在支持或者反对一件事情之前，我们必须深思熟虑。在非重大事件中，警示我们的往往只是很细微的感觉。

但面对有深远影响的重大决定，即所谓的关键决定，预警就会更加明显。大多情况下它是我们做某事时碰到的障碍，有时是强烈的反感，有时两者兼而有之。

对劳燕分飞的婚姻、错误的职业去向或者不尽如人意的工作环境的警示可以写满一本书，这本书肯定会让人大受启发。预警的形式多种多样，从扭伤、骨折、汽车故障、搭错火车、飞机误点，到丢失婚戒或者重要文件，以及或轻或重的疾病。注意到这些警示，能为自己省去很多烦恼，也可避免花冤枉钱。

我们所举的全日制学校的例子说明，在付出努力后，奖励往往以好心情或者获得别人认可的形式出现，更大的奖励是所谓的"飞来横福"。比如意外得人相助或者收到礼物，或者培养出敏锐的直觉、增长见识、心情愉悦、遇到贵人，等等。有时也可能是更平常的场景，比如直觉告诉自己要带伞，或者刚好赶上某个特定时间点或者在正需要的时候接到电话。在去机构办事前想起带上重要的文件，这也是一种奖励。因为我们努力，作为奖励，我们还会结交新的朋友或者生意伙伴。

这些都让我们的日常生活越来越轻松。重要的是要记得感激我们的朋友——生命原理。

全日制学校中的每个场景都给我们提供了机会，令我们更好地理解生命原理的语言，并使我们的直觉得到锻炼，让它更加敏锐。我们通过下面的例子来说明生命原理是多么乐于培养我们的认识和直觉。

有一次我搭同事的车去参加一个报告会。我们打开了导航仪。在环岛上时，导航仪显示我们应从第一个出口出去。我的直觉告诉我这不对，第二个出口才是正确的。驾车的同事却认为导航仪是肯定不会出错的，所以从第一个出口开了出去。很快我们就不得不折返。我们再次到环岛上时，仪器显示从第二个出口出去。这个场景告诉我们，我们必须经常运用我们的直觉，并且有勇气跟随我们的直觉行事。只有我们不相信直觉时，仪器才能误导我们。

总的说来，我们必须通过灵魂获得奖励和警示。这听起来似乎是不可能完成的任务。但神在这里再次显示了他的爱和宽厚，他会记录我们的每一分努力，就像"记账"一样。"只要灵魂真心努力做正确的事情，就会得到帮助"，或者简短点说，"真心努力终有回报"。奖励是提示我们正做着正确的事情。如果换个角度看，警示其实也是某种特殊的奖励。每次发展进步都会带来喜悦、好心情和能量。

一直无视生命原理的指示、故步自封的人，是无法理解和善用因果原理的。这样的人在生活中总会遭遇不顺心的事情，这是对他们的惩戒。他们无法理解其实自己的行为就是这一切不幸的源头，还总去怪罪别人。

是否会发生意外情况呢？人类所认为的意外，却恰恰是生命原理在全日制学校中的有意之作。每次所谓的意外都源于我们的行为或者思想。我们所经历的一切都是发生在我们身上的意外。艾伯特·史怀哲曾说过："意外是神匿名创作时所选的笔名。"

其实日常生活中的很多例子都能说明我们的思想对周遭的影响有多大，有时甚至一些日常小事便可说明这点。但很多时候，大部分人都会把这些事情归咎于意外，因为他们没有意识到自己思想的力量。有这样一个例子：我的一个朋友来我家住几天。一天，她想为午餐准备一份独特配方的奶油甜点，但却无法把奶油打出泡。后来发现原来奶油已经过期一天了，怪不得！她拿起另一瓶奶油，它的保质期还有两周，可以说是十分新鲜的奶油。但是也没有办法打出泡。是不是我们"意外"地撞上了劣质产品呢？晚上，我们再次尝试用中午剩下的第二瓶奶油做甜点，发现可以毫不费力地把奶油打出泡来。"是我的执念阻碍我把奶油打出泡。"我朋友说道。她告诉我们，她以前曾在一家公司工作，而这家公司的主要业务就是营销这家奶油厂的产品。因为她对这家公司的印象特别差，所以在心里就认定这家公司代理的产品也不怎么样。中午的时候她就怀疑这种奶油的质量。但晚上她明白过来，原来这是偏见，奶油无法打出泡是她自己的负面想法造成的后果。

"意外"事件的源头不一定在事发不久前，也可能两者之间相隔很长时间或是存在间接联系。我的一位同事就碰到过这样的事情。我当时刚从美国回来，在这家公司实习。尽管当时这位同事的薪水很低，但是她对工作却很有热情而且十分勤奋。有次她想去听歌剧，但是在预售时却没能买到相对便宜的票。但她在歌剧开演那天还是去了，想着或许有人会退票。但是很多人都这样想，那天售票窗口前排起了长龙。此时，一个男人径直走向我同事，问她是否要票。但对她来说，这张票太贵了。这时男人笑着对她说："我把它送给你。"之后就转身离开了。这是对她一直以来如此勤奋的奖励。从这个例子可以看出神是多么喜欢运用直觉原理。它安排这个男人走向我同事，并赠票给她。

那么关注事件并探究它们的意义是否有好处呢？我们可以通过一位女士的经历来获得解答。她想找一位文物修复师来修理她的古董家具。经别人推荐，她给一家文物修复公司打电话，但当时没有人接。她就留言请对方给她回电。之后这家公司的一位工作人员给她回电，但却无法听清她在说什么。最后文物修复师亲自给她回电，说之前给她打过两次电话，但每次得到的回答都是："您所拨打的号码是空号。"这些迹象已经足够说明这个选择是错误的。后来这位女士和一个熟人说起这件事，这个熟人恰好认识一对专门修理古董家具的木匠夫妇，还建议当天就载她去这对夫妇的工作室。他正巧刚刚整理好汽车后备箱，能把这位女士的古董家具运过去。

我们经常遇到这种场景，很明显这些是对我们的努力的奖励。这些事情给人的印象太深了，根本无法用意外来解释。

全日制学校的课程因人而异。这句话的意思是，比如说有人在宽容他人方面取得了很大进步，那么他心中的怨恨就会越来越少，和别人的相处也会越来越和谐。但他却不善于倾听，有时候不能正确理解别人的意思，遭到了羞辱。他的反应是批评和责怪别人。那么为了在这方面继续进步，他需要哪些帮助呢？他必须培养"耐心"这种品质和提高"倾听"这种能力。为此他会有专门的"课程"。

生命原理会设计他在日常生活中将遭遇的场景。只要他注意到这些场景，并且真诚面对自己，他肯定会经常说"我本应该更认真地倾听"、"我刚才没听明白"。他关注自己的行为，并且不断进行修正，便能够把自己的弱项转化为强项。他所经历的，正是他自己亲手创造的。

每个灵魂都有创造潜能。我们用当下的决定打造我们的未来。认识到这点，我们能够利用我们的决定权来获得我们所想要的。但即便不能如愿以偿，我们也不要怨天尤人。

神如何决定在什么时候来改善我们的哪项性格和才能呢？如果测试没有通过，不会在第二天就立刻出现配套的教学情景。它通常会在一段时间后、在恰当的环境中才再次出现，而且是一再出现，直到我们作出正确的回应并把正确的做法变为习惯。

我们的"全日制课程"的难度由我们所处的发展阶段决定。但由于我们无法纵览全局，因此也无法决定当下哪些学习课程对我们来说是最重要的。

我们要时刻记得，神和生命原理一直关注着我们的发展。

我们越努力地去遵从生命原理，就越容易得到它的帮助。我们将与生命原理成为真正的好朋友。神和生命原理耗费能量建立了我们的全日制学校，他们一直关注着我们的幸福。这值得我们感激，而最好的感谢方式就是努力学习。感激常常让人做出贴心的举动，就和人类间的交往一样。不论是对宇宙中的强大力量——神和生命原理，还是对他人，心存谢意都很重要。

我们可以摆脱生命原理么？有些人会说，他们就是喜欢率性而为，似乎这样的举动也没有什么后果，有句话叫"给心灵放个假"。但有些人真正想的不是放松，而是放肆。这些做法是会带来后果的。生命原理一直在发挥作用，它从不休假。"正确地"给心灵放假是享受宁静，放下思想上的担子，和爱人共度时光，做成一笔好买卖，用心体会一些美好的和有意思的事情，在恰当的时候全身而退，亲近大自然和做些有益于身体的运动，等等。这也意味着终于有属于自己的时间，有时间净化心灵。而在这些情境下，如果我们愿意敞开心扉，生命原理同我们的"沟通"会更加密切。我们在做这些事情时，常常能领悟出一些道理。

因为生命原理最关注我们内心的安全感和我们灵魂的成长，所以即便在我们"休假"的时候，它也会对我们的行为作出反应。有条原理听起来很极端：自弃者，天弃之。不要逞匹夫之勇，"有意识"地置自己于险境，比如危险的登山野游、在没有安全设施的滑道上滑雪，以及从事其他一些危险活动。但经验表明，即便在这些情况下，在后果发生前往往都有警示。

有些人尽管智力高人一筹，但如果长时间不顺从生命原理，也会自食其果：发展陷入停滞，还存在灵魂不断失去能量和止步不前的危险。提前出现的警示对这些人来说是雪中送炭。如果能接受这一警示，就能走出死胡同。

当我们请求生命原理给予帮助的时候，它是如何运作的呢？我们可以参看专注原理。

专注原理

这条原理起着万分重要的作用。它有三项功能，分别是：

专注时，我们处于被保护的状态。

专注时，我们不会失误。

专注时，我们的能量大增。

所有人都应该尝试过专注地完成任务，全神贯注地工作可以达到完美的效果。从事体力工作时，集中精力是最坚不可摧的防护服。很多小事情都可以证明这点，比如当手拿工具刀加工物件时，如果我们三心二意，不专注于手上的工作，恐怕手指会经常受伤。

尽管交通事故发生的原因很多，但分神必然是其中之一。我们开车时如果胡思乱想，分散注意力，常常会得到很严重的警告，这说明我们必须严格认真地遵守这条原理。其他车突然抢道，前方的车莫名其妙地急刹车或者一辆超载货车突然挡住去路……这些是意外吗？不，这是生命原理在提醒我们，我们没有集中注意力。为了避免发生事故，生命原理耗费了很多能量；因为我们自暴自弃，放弃了专注原理的保护，所以生命原理得替我们保护自己。我们建议司机在开车时不要听广播、同别人聊天或者打电话。

这条原理的作用效果强、速度快，这可以通过下面的事例看出来。一名男子曾给我讲述他的一次遭遇："那天下着大雪，我开车上了高速公路。之前已经连续下了好多天雪，积雪差不多有一米多高。因为气温持续下降，路面上覆盖了厚厚的冰层，十分湿滑。面对这么大的雪，除雪车和盐根本无济于事。两条车道上的汽车都很小心地保持车距，缓慢行驶。当时我在左边的车道，突然前面有辆车紧急刹车，我前面的第二辆车开始打滑，车冲到右边的车道，穿过两辆车之间的间隙，一头撞进高速路旁的灌木丛中，车陷进雪里面出不来。

"我前面的司机猛踩刹车，而当时我根本无法插进右边的车道。我对自己说，只有集中精神我才能渡过难关。我尽量把握好力度，轻轻地踩下刹车。结果既没有和前车追尾，也让我后面的司机有足够的时间刹车，而我自己的车也没有打滑，那会儿汽车可还没有 ABS。我也得感谢当时车上的同伴，因为他知道路况复杂，在这段路上一直不和我搭话，让我能够专心驾驶。"

在集中精神的时候，我们不会失误。我们每个人都可以充分利用专注原理，还可以通过练习不断提高这项能力。

如果想取得成功，获得快乐和满足，就必须提高自己的专注能力。但这对有些人来说十分困难，他们需要一些提高专注能力的小技巧，比如有针对性的练习。

对自发行为做些有针对性的练习是最有效的。自发行为是指那些无需思考、下意识去做的行为。其中包括每天的个人卫生，如刷牙洗脸、剃须梳头和穿衣，使用餐具，吃喝吞咽，还包括在做家务和开车时的一些行为。在做这些事情时，大部分人都是心不在焉的。我们建议，至少在早晨的某项行为中，最好是刷牙的时候，练习专注能力。也就是说，把所有的注意力集中到手头所做的这件事情上。肯定会有干扰的因素来分散注意力，比如说突然有个想法冒出来，这时候要立刻把这些想法甩在脑后，专心致志地继续完成眼下的这件事。在清晨锻炼专注能力能收到最佳的效果，因为这时身体刚刚经过了一夜的休息和调整。但其实也可以在一天中的任何时候做这项练习，爬楼梯、开门锁门、洗手、吃饭等都是练习的机会。

体育运动也有助于提高注意力。我们还特别推荐孩子们做各种不同的游戏，记忆游戏、下棋、拼图（教学游戏）等都很有效。

下面这则例子可以告诉我们专注的效果。故事发生在洛杉矶举办的一届花样滑冰大奖赛上。当一名女选手表演动作时，发生了有震感的地震，所有的观众和评委都离开了比赛现场。可以想象，当时现场肯定十分嘈杂。当时场上有一部自动摄像机一直在跟拍选手的动作，它记录下了这位女选手在完成动作后看到空荡荡的体育场的一刹那目瞪口呆的表情。她根本没注意到发生了地震！尽管当时地面有震动，但她还是把动作完成得尽善尽美。最后根据录像，她得到了最高分。她的注意力如此集中，以至于她在这样极端的情况下都没有失误。专注原理的保护作用也在这里体现出来了。

专注原理的第三项功能，即能量增加，和另外两项功能一样，让人获益匪浅，我们可以有意识地利用这点。如果前一天没有睡好，但起床后聚精会神地刷牙，我们会收到意想不到的效果，会感觉身体内的能量大增。

专心致志地工作往往让我们事半功倍。因为我们遵守了原理，所以可以收获更多的能量。这种能量的增加往往以满足感或者安全感的形式出现。经过一天的专心工作，我们感觉到的往往不是乏力，而是一种"健康的"疲劳，可以让身心在晚上享受应有的放松。我们自己就有这样的感觉，在专心做完一段很长的报告之后，我们往往还是精力充沛，即便报告或者讨论会在晚上举行。演员和音乐家也有类似的经历。

聚精会神地工作和不停地忙来忙去完全是两码事。从早到晚一直高度集中注意力既不可能也无必要。我们必须给自己休息和放松的时间，通常两三分钟的休息就足以让我们再次专心投入工作，在这几分钟里站起来动一动往往很有帮助。

集中精神让我们能量大增，因为生命原理不需要提醒正聚精会神的人可能有危险或错误产生。它不需要构建起到预警作用的情境，这会让它节省很多能量，也会给当事人减轻负担。能量不是天上掉下的馅饼，我们得通过正确的决定、思想和行为赢得能量，所以说我们应当强化我们的优秀品质并努力控制我们的行为。

为什么聚精会神是如此有效的能量源泉？神的专注能力是无限的，神时时刻刻都高度集中精力，否则就会造成失误或引发混乱。所以对我们来说，在高度专注的那个时刻相当于和神处在同样的状态，但这并不意味着我们就能把自己当作神。在专注的状态中，直觉的阀门会向我们打开，只要听从心灵的召唤，依照直觉行事，就可以避免错误。

专注原理尤为重要，它是改进直觉的必要条件和最佳途径。

直觉——和神的对话

　　直觉原理是精神层面最重要的原理，它是我们通往知识和认知、接受神和生命原理指引的途径，我们往往把它称作"来自内心的声音"。直觉越敏锐，我们的生活就越轻松。

　　敞开心扉，同神进行恳切的交流；提出困惑，请求指引和帮助，就像在家中孩子对父母那样，而且最终肯定能得到答案——这是灵魂和其缔造者之间充满爱意的纽带。

　　回答通常以各种不同的形式出现，神有很多联系我们的方法。有些人能"听到"神的教诲，有些人能直接"会意"。有些人在行动时直接受到指引，有时候答案以感觉或者某种事件的形式出现，而最常见的方式是大脑中突然闪过的念头。答案出现的时机也不尽相同：可能就在当时，也可能在两三天后；如果生命原理必须为此设计某种特定的情境，那么需要的时间就更长。我们要保持耐心和时刻留意，才能捕捉到神透露给我们的指示。

　　我们可以通过下面的例子来看神是如何给出答案的。有一次写信时，我想修改其中的一段。我想绕开俗套的表达方式，避免使用某些常用词语。我"问上天"该怎么做，很快就有了灵感。我把第一句话完全换了个说法，之后就如行云流水一般，改完了整封信。最后信中没有出现任何我想避开的词，而且意思和原来差不多。这个例子就说明了直觉如何在工作的时候不约而至。

如果问到同日程相关的问题，我们往往能立刻得到答案。这也是权衡事情孰轻孰重的好方法。当我们考虑一天中什么事情最重要时，大多数情况下立刻就会有答案。每天这样练习的人，在碰到其他重大问题时也能一下子抓住其中的关键点。如何练习呢？我们应该暂时撇开困扰，放宽心态，之后就能得到想要的答案。熟练掌握了这种做法，就很容易分辨出哪些情况将对生活产生重大影响。所谓熟能生巧，我们可以通过练习来掌握如何发问和如何听从自己的直觉。

下一个需要完成的工作任务是什么呢？我们往往能不假思索地迅速作答。但很多人恐怕不会想起提出这个问题。我们了解自己的工作内容和程序，还有什么必要提出这个问题呢？我们往往觉得这是多此一举。但事实表明，只有生命原理才最了解该在什么时候做什么工作，所以它的帮助可以让我们省时省力。意识到需要提出问题、等待答案并遵从答案去实行，这一套程序需要经常练习，这也是在锻炼我们放宽心态、耐心和顺从的能力。

在等待答案的过程中，重要的是要放宽心态，不要因为一直钻牛角尖而阻碍直觉的到来，这样我们可能会同提示擦肩而过。在面临重大决定时，我们常常会在一段时间后才得到答案。尤其是当答案不是被直接给出，而是通过某种能给我们提示的情境被表达出来的时候。

每个人都可以在日常生活中尝试这一套流程。假设我们现在找不到钥匙了，那么要做的是：

问钥匙在哪里，

不用立刻去找，放宽心态，不去想这件事情，

专心做其他事情。

之后答案突然就出现了，通常我们会记起把钥匙落在了什么地方。

接收或者说认识和理解直觉的前提是：

在我们提出问题和请求后放宽心态。这很有必要，否则我们无法收到"反馈"。这就像打电话，如果我们不把话筒放下，就没有办法接到新来电。此外，放宽心态还表明我们充满了信心，认定会得到答案。

活在当下。时刻保持留意可以让我们听到来自内心的声音，让我们意识到某种情境其实就是答案。这显示出专注原理和直觉原理之间的紧密联系。我们因专注而集聚的能量是直觉的载体。如果我们沉溺于昨天或者明天，直觉很难靠近我们，因为它只存在于当下。

学会读懂生命原理的语言，这让我们能参透隐藏在一天中所有经历和情境背后的真实意图。很多时候它们看似是些普通的日常琐事，但一旦联系上我们当时的想法、感觉或者之前提出的问题，我们就会发现它们的意义。

敏锐的直觉是透彻地掌握全日制学校课程的关键。同时，我们能通过直觉看清生命原理的作用方式，领悟它到底想跟我们说什么，这样才能跟上学习的进度。

我们有时候很难相信自己听到了这些来自内心的声音，更不要说信任它们并且真的依之行事。我们需要的是锻炼，越是经常这样做，我们的直觉就愈加敏锐和有效。这是一个很有意思的学习过程。另外，我们要为每个答案心存感激。对稍懂礼仪的人来说，这是人际交往中自然而然的态度，但我们却常常忘记感谢神和生命原理。

参透生命原理的语言

如果不能理解生命原理想说什么，那它对于我们的发展就根本帮不上忙。我们怎样才能领会它对我们的指引呢？

在我们的全日制学校中有一门专业课叫作生命原理语言课程。这种语言具有国际性，每个人都可以学习和掌握它。这门语言课程的内容不是教授单词、语法或者正字法，而是其他一些内容。

观察能力对这门课程很重要。大家可以观察自己，仔细记录自己的行为方式，然后比较这些行为各自引发的后果。因果原理在这里指引着我们，某种特定的行为总是会带来相同或者相似的后果。我们可以进行比较，总结出哪些地方应当予以改进。

坦诚面对自己也很关键。越是坦诚地面对自己，就越容易理解生命原理想通过周围的情境表达什么。

另一项重要前提是生活在当下的能力，也就是对每时每刻的留意。生活总是发生在此时此刻。在我们的全日制学校中，生命原理的提示发生于现在。如果深知身处现在，我们的观察就会更有针对性并更容易有所发现。沉溺于过去和空想未来会让我们无法聚焦现在。

要想接收到提示，我们还要学会放宽心态。不然我们就阻碍了直觉的通道，就像我们在前面的内容中说到的那样。

当我们进入这门"语言课"的课堂，发生的事件往往能给人留下最深刻的印象。比起想法或感觉，它更能引起我们的关注。有时传递的信息很容易被理解，因为生命原理会利用紧密相关的象征物作为提示。腿突然疼起来可能是让我们注意我们正"立足于"不利的境地。为了不误入歧途，我们应该找寻新出路或者考虑新方案。如果丢了东西，有些人的手上或者胳膊上会有疼痛感。这些都是提前预警，防止我们走错路。只要我们对这些提示作出正确的回应，疼痛感就会消失，这也是它与真正疾患的不同之处。

在作重大决定前，我们得特别留心。脚扭了或者骨折，这些是在很明确地提示我们，某项计划是错误的，最好不要做。上错车、走错方向、忘带车票或者类似事件也是在提示我们要再次斟酌准备去做的事情。

对于错误的婚姻，生命原理通常给出紧急预警。丢失婚戒、新人没赶上飞机、突发高烧，或者拔牙时麻醉针打在血管上导致脸颊红肿，这些都是再明显不过的警示，甚至还有人说起过婚前婚纱被烧坏。如果发生这些类似场景，我们建议重新考虑这段婚姻是否建立在稳固的基础之上。毕竟在最后一刻取消婚礼也是对勇气的一次极大考验。

一名年轻男子在婚礼前夜做了场噩梦，梦见一块巨石压在自己胸前，压得自己喘不过气，第二天他就宣布要取消婚礼。其实这对新人同住在一个村子，双方家庭关系很好，可想而知这需要多大的勇气。在之后的一次交心谈话中，准新郎准新娘发现物质方面的考虑才是双方决定结婚的主要原因，其实新娘私下也对这段婚姻心存疑虑。两个年轻人和平分手，直到今天还是很要好的朋友。

我们必须不断分析生命原理的提示，来理解这些象征的含义。要做到这点，最好是尽量用语言把事件描述出来，并联想相应的处境、想法或者感觉。在这里要充分发挥直觉的作用。下面是我们听到的几则真实事例：

"我刚想推开上司办公室的门，门突然关上了，几乎撞到我的脸。对了，我刚才想干什么来着？我想抱怨受到了'不公正的对待'，但为什么我却没有想想是什么原因导致了'不公正'的待遇呢？如果不假思索地一头冲进去抱怨的话，我就关上了一扇了解真相的大门，或许还会把我和上级的关系搞砸。"

"电话突然断掉了。我刚才出于什么原因和谁说话来着？啊，其实都是些无聊的闲扯，根本没什么意思。到此为止吧，以后再碰到这样的通话，得及时挂断。"

"我想打印一份文件，但不知为什么打印机就是没反应。我检查了所有的步骤，都没有问题。我请朋友一起按照我原来的步骤重新操作一遍，结果立刻就打印成功了。这件事说明什么？我总是倾向于独自完成所有工作，或许我应该学会让别人来帮助我，相互之间取长补短。"

"明天我就应该去度假了，但是我更想留在家里，手头上的事情太多了。现在我的手表也没电了，我还得去换块电池。真烦人！这不会是有什么含义吧？是不是我的'电池'，也就是我的精力也快用尽了，急需充电呢？好吧，休假是正确的决定。"

下面是我自己身边发生的事情：一个小伙子下定决心要去银行实习。他觉得银行交易员这份工作是个铁饭碗，还容易干出业绩，而且所需的时间比上大学少。去银行面试时，他坐上了反方向的车，最后因为迟到他没有赶上面试。我对他说这是一个预兆，最好还是换份工作试试。他不相信，争取到了另一家银行的面试机会。这次他干脆自己骑自行车过去，他想这回肯定不会搞错方向了。但结果虽然方向没错，他的自行车链条却掉了，他又一次错过了面试。后来谈起时，他承认选择去银行完全是因为急功近利，他当时已经准备为此放弃自己的理想——攻读营养学。最终他还是决定去上大学，而且顺利毕业了。

我们得到的提示大多很形象，就像例子中的门和电池，或者和我们的行为方式和意图有着直接关联。提示常常和我们的所思所想以及着手要做的事情有着不可分割的关系。在所有这些情况中，我们都应当问问自己，它想告诉我们什么，最好还能想到它同我们有什么关系。

向别人讲述某种情境，要注意自己在叙述过程中的用词，这很有助于发现某一事件的意义。这样做时，不仅我们的精神高度集中，可以让事情更有效率，而且还能让听众帮我们出主意。

攻读生命原理的"语言"对我们大有裨益。我们能更好地利用这座"全日制学校"，在发展之路上走得更快更好。这些指引让我们的生活更加轻松和精彩。

每次当我们理解了生命原理想诉说什么，直觉就得到了一次提升。所谓熟能生巧，直觉敏锐了，智慧也会随之增长。此外，原本看似无关紧要的事情变成了充满趣味和内涵的情境，这不仅有利于我们，而且还让生活变得多姿多彩起来。当我们能做到遇事时不生气、不着急、不推卸责任，而是去询问事情背后的意义，探究生命原理如何和我们沟通时，我们就会发现另一番海阔天空。

有时候生命原理会营造出一些精准得让人诧异的情境：

"有次我想找房子，当时正在去看房的路上。我请求得到些提示，让我能作出正确的决定。当我的车开到主干道上时，有人从商铺二楼往下倒了一桶脏水。因为当时突然变红灯，车停在十字路口，而脏水恰好在这个时候泼在我旁边的人行横道上。红灯时，闹市的路口却没有任何行人，这真是个奇迹。看房时，我对房子的地段和装修都很满意，而且房主也表示会在众多租房者中优先考虑我。就在他带我去露台，指给我看各家租户是如何划分花园时，一个黏着蛋黄酱的罐头盖落在花园的椅子上，离我坐的地方仅有几厘米。原来楼上的租户失手把罐头弄翻了。有句话叫'天上掉馅饼'，但这里应该不是这么一桩美事吧？我明白了这个警示，没有再考虑这间房子。后来我很快就找到了理想的住所。"

遵从神和生命原理

我们将在这一部分做些小结。

尽管我们是由神创造的、具有无限潜能的个体，但离开生命原理我们将无法生存。我们有赖于原理在物质层面的作用和在精神层面的指引。我们通过直觉或者在全日制学校中经历的事情来增进对自己的了解。生命原理让我们成为宇宙秩序中的一部分。

是否信神和相信生命原理并不重要，因为事实就是事实。它们可以被忽视，但却不能被消灭，它们一直发挥着作用。德国著名作家维尔纳·吉特在他的《一切始于信息》一书中说："和其他的观点和思维方式不同，生命原理的优势在于，它不受意识形态左右，不代表某位作者的想法或者某种哲学流派的理念，任何人都可以用任何一个例子来检测它是否成立……它犹如波涛中的礁石，面对各种思想的冲击而屹立不倒。"

这段话既适用于物质层面的原理也适用于精神层面的原理。对于不喜欢心灵调节的人来说，他们往往很难理解精神层面的生命原理的真实性和永恒性。但事实上他们也受这些原理的影响，也在不知不觉中运用着这些原理。

只有让神和生命原理走进生活，

只有把自己作为世间万物的一部分，而不是凌驾
于万物之上，

只有停止随意支配自然、动植物和他人，

才能有和平、幸福、安全感和真爱。

同神和生命原理协调一致既是造福自己，也是造福宇宙
万物。

第三部分

将生命原理融入生活

关于生命原理的问与答

　　更多地了解生命原理或者至少读一些有关生命原理的书籍，不仅于自身有益而且还很有趣。但要把生命原理融入生活却并非易事。所谓知易行难，从了解道理到实际操作之间还有很长一段距离，这段路是以自由、情愿为前提的，也就是说我们要自愿地走这条道路。大家或许会怀疑：这是不是某种形式的强迫和奴役？为什么说依据原理行事，即同宇宙协调一致就是正确的呢？

　　有些人觉得被告知某种行为方式必然会导致某种后果，这就是一种变相的强迫，是一种"奴役"。他们企图摆脱原理，完全根据自己的意愿，随心所欲地选择自己的道路。他们甚至已经做好了心理准备，去承受可能遭遇的坎坷和波折。而那些认为生命原理为相信它的人开启了机遇的大门的人，反倒一身轻。

　　对生命原理茫然不知或者将信将疑，也会阻碍我们依据原理行事。我们往往愿意去做了解和熟知的事情。一旦掌握和相信这种知识，熟练利用原理，每个人都可以从自己的经验中有所收获，改进自己的行为。"我们常常会陷入循环往复的怪圈，很久都走不出来。年纪变大了，经验却没有随之增长。同样悲剧的是，我们总固守某种旧习（大多是负面的），这造成现在的我们如此不信任他人、不亲近他人和不能容忍他人。"奥地利神学家和心理学家莱奥·普罗特曼作出这样的表述。

把生命原理融入生活意味着和它协调一致，不管是在物质层面还是在精神层面。为此，我们首先必须明白精神存在和肉体存在之间有着紧密的联系。在地球上，这两者唇齿相依。两者共同受多种相互配合的原理的支配，都具备发展的能力，而两者之间的根本区别在于诞生的方式。

人的肉体是生物进化过程中的一部分。我们都知道人类从诞生至今发生了巨大的变化。每个人的肉体都是由遗传物质决定的，我们已经在前面的内容中提到了这点。这意味着不断有新的"肉体"诞生，这一过程通过繁衍这条途径不断地延续下去。遗传物质只作用于肉体。

与之不同的是，人类的灵魂在诞生之初便是独一无二、不可分割的整体，这发生在很久很久以前的宇宙之初。从一开始，所有的灵魂便都被赋予同等的机会。不管在过去、现在还是将来，所有的灵魂都被给予相同的时间来实现自己的发展。假设神分别在不同的时间创造了灵魂并且现在依然如此，那么新创造的灵魂比以前的灵魂拥有更好的条件，可以坐享现有的知识、认知以及更加舒适的环境，更懂得如何有效地利用生命原理。这岂不是对"年轻"的灵魂和"年老"的灵魂的不平等对待？如果是这样的话，生命原理就会对现在的灵魂的发展给予更好的帮助，因为它们有更多的能量。此外，如果真是如此，神就是不公正的，而这根本不可能。在很多宗教中，神都是至善和公正的化身。不公正意味着软弱和缺失，而神是完美无缺的，自始至终都是公正的，所以假设不成立。

没有哪个灵魂能以任何一种方式获得或者继承另一个灵魂的特性、才能或者智慧。每一个灵魂都是被创造出的独一无二的个体，它从一开始就对自己负责，主宰自身的持续发展。世界上不存在灵魂的DNA。

这时就出现了这样一个问题：灵魂的数量是固定的，但世界人口从过去到现在有了很大的增长，两者如何能实现一一配对呢？现在的人口比以前多出太多了。或许《圣经》能给我们解释。耶稣在《约翰福音》第14章第2节中说道："在我父的家里，有很多住处。若是没有，我就早已告诉你们了。我去原是为你们预备地方去。"

灵魂并不是一定要寄住于肉体。但地球存在于物质层面，为了让灵魂体现出来，它必须和肉体绑定在一起。几乎所有的宗教都承认另一个世界的存在，将其称为彼岸、天堂或者西方极乐世界。地球不是灵魂永远的栖所，而只是一个暂时驻足的地方。每个灵魂都有在地球上逗留和发展的机会。在这里它们必须最终决定，是否永远参与伟大的创世计划。这一观点在绝大部分宗教中都有所体现。上面摘录的《圣经》内容所发生的时间是在灵魂已经作出决定之后。这样的"住处"极有可能是灵魂首次与肉体结合前的准备阶段。由此可以推断，最初一起诞生的灵魂在不同的时间降临人间。这样的时间差和循环往复的轮回可以解释为什么固定数量的灵魂赶得上不断增长的世界人口。

每个灵魂因勤奋、图发展或者贪享受等原因选择转世，它们一次又一次地轮回。因为每个灵魂都能够也应该通往圆满，所以需要很多能实现这点的机会。仅仅在一次短暂的生命中灵魂是无法实现把智慧和才能发展到近乎完美的阶段或者塑造出无可指摘的特性的，也就是无法达到自治自觉的阶段。

有关转世的说法由来已久，它根植于很多民族的宗教。它们相信人在世俗的死亡后还继续存在，但不再和肉体是一一对应的关系或者不仅仅和肉体对应，而是以灵魂的形式存在。早期的基督教也很明显是相信再生的，所有四部福音都提到了这个问题。尽管可能有翻译错误或者一词多义的情况，但是字里行间都透露着对再生的信仰。《约翰福音》第3章第3—5节说道："耶稣回答说，我实实在在地告诉你，人若不重生，就不能见神的国。尼哥底母说，人已经老了，如何能重生呢？岂能再进母腹生出来么？耶稣说，我实实在在地告诉你，人若不是从水和圣灵生的，就不能进神的国。"在同章第7节中说道："你们必须重生，你不要以为稀奇。"《马太福音》第2章第14节在谈到施洗约翰时，耶稣也表达了重生的意思："你们若肯领受，这人就是那应当来的以利亚。"《马太福音》第17章第10—13节中还有："门徒问耶稣说，文士为什么说，以利亚必须先来。耶稣回答说，以利亚固然先来，并要复兴万事。只是我告诉你们，以利亚已经来了，人却不认识他，竟任意待他。人子也将要这样受他们的害。门徒这才明白耶稣所说的，是指施洗的约翰。"

可惜因为有这样的认识，很多人就把灵魂的发展推脱到来世，所以之后一些有关重生的章节就被删除了。这主要发生在查士丁尼一世（527—565）执政期间。此后现代物质主义风行一时，灵魂在人世间轮回的说法毫无立足之地。直到最近人们才又重新认识到世间的死亡并不意味着灵魂的终点，它只是肉体的消亡。

灵魂得以发展和能够永生，也是生命原理施以援手的意义所在。很多伟大的思想家、哲学家、学者和诗人都相信同一个灵魂来过人世间多次。莱辛（1729—1781）在去世前一年把自己的所思所想总结于《论人性的教育》中。他在其中这样写道："我是如此善于学习新的知识和技能，为什么我不能一再回来世间？我的离去让世界失去如此之多，难道这个理由还不足以让我再次回到这里么？"

我们也不能因此认为灵魂的存在仅仅是通过无止境的再世轮回来实现的。发展的目的在于让灵魂达到完满的阶段，也就是说到另一个世界，在纯粹的精神层面生活。一旦灵魂在各个方面均达到了某种发展阶段，就有机会以另一种方式来实现完美，此后的发展过程将在精神层面继续进行。这是否意味着，只要灵魂不再需要回到人间，就达到了完美的阶段呢？答案是否定的。我们只是离目标更进一步,在那里将获得比人间更多的欢乐、幸福和爱。

我们经常被问到，既然只有肉体可以遗传，那为什么在一个家族中会有精神层面的相似性呢？事实上孩子们经常能拥有和父母或者祖父母类似的性格特征或者才能。神以其博爱和恩惠让每个灵魂都拥有发展的机会，所以会安排灵魂降生于某个特定的家庭和特定的环境中。没有灵魂能自行寻找在人间的位置，因为它无法客观评判自身的发展阶段，所以也不可能选中最有利于自身继续发展的家庭和环境。如果灵魂能自由选择，那么它会选择贫困的家庭和恶毒的父母么？它会选择一个有酒鬼甚至罪犯的家庭么？因为不知道自身最需要学习什么，所以几乎所有的灵魂都会倾向于选择富裕的父母和舒适的环境。这样一来，它的学习进程就可能步入停滞状态。它的周围就没有镜像作为参照，而这正是它所必需的，这样它才能意识到自身的缺点。

我举个例子来说明灵魂是如何被引导的。假设灵魂需要学会宽容，那么有两种途径摆在面前：可以模仿积极的榜样或者从消极的事例中吸取教训。有些灵魂能够从积极的榜样中获益良多。在这种情况下，给人的感觉是它遗传了父母拥有的宽容品质。有些灵魂需要更加严格地从反面进行教育，必须先品尝心胸狭窄带来的恶果，才会知道宽容的必要性并学会宽容。当然灵魂是否愿意学习和纠正，完全由它自主决定。

沃尔夫冈·阿玛多伊斯·莫扎特就是一个很好的例子，从他身上我们可以看出如何最好地提高已经处于高水平的才能。他的父亲很有音乐天赋，他自己本身是音乐家和优秀的音乐老师，而且富有教养。年幼的莫扎特成长于有助于才能发展的环境。父亲早就看出了莫扎特的天分，但从未以自己为标准去要求他。他只是竭尽所能，为儿子创造所有发展其才华所需的机会。

具有相似特质或者处于相同阶段的灵魂同时降临于一个家庭，也会让人觉得子女继承了父母的特性和才能。灵魂在每个发展阶段都可能碰上这样的桥段。神在挑选家庭时兼顾了所有有利于灵魂发展的因素。有条原理是，我们不会被分配以我们无法完成的任务。

每个灵魂能在各自的环境中作出哪些成就，这完全取决于自身，选择权完全掌握在每个灵魂自己手里。每个环境都是由神和生命原理提供的。出生于特别严苛的家庭也不失为一个机遇。灵魂应该利用周围的环境，将其视作自身的镜像，从中找出更好的解决之道。此外，严苛的环境还是让人学会宽恕的最佳途径。

历史上这样的例子数不胜数，其中不乏很多伟人。他们的父母根本称不上仁爱，但子女还是作出了伟大的成就。作为亨利八世的女儿，伊丽莎白女王（1533—1603）的童年十分凄惨。她才三岁的时候，母亲就被父亲斩首，而她还不得不目睹母亲被处死的全过程。之后她被剥夺了王位继承权，沦落为宫廷里面的无名小卒。在姐姐死后，她才意外地当上了女王。尽管经历了不幸的童年，她执政的时期却是英国历史上最稳定的时期之一。她开始着手于社会福利方面的立法，手工工厂的学徒教育制度和对穷人的社会救济都可以追溯到伊丽莎白时代。

普鲁士的弗里德里希大帝也有着和伊丽莎白相似的经历。在他还是少年时，父亲就曾要判处他死刑，后来处死了他最好的朋友，而他也不得不目睹好友被杀的全过程。

没有哪个灵魂可以替另一个灵魂完成学习过程和解决问题，所以既不存在代人受过，也不存在替人领赏的情况。每个灵魂都是独一无二的，都对自己的行为负责，没有家庭原罪和人类原罪这么一说。我们的弱点只源于我们自己，不管是健在的还是过世的家人都与此无关。了解了生命原理，就能理解艰难的家庭处境。在那些负面人物身上，我们仿佛通过放大镜看到了自己的缺点。这既是要求也是机遇，它让我们有意识地走上不同于他们的道路。我们鼓励大家学习积极的榜样，让自己也成为他们当中的一员。

耶稣拯救了所有的灵魂么？是的，但不是通过一人揽下所有罪孽的方式。他表示只有宽恕才能消除罪孽。只有他自己先从内心宽恕了门徒，他才会请求上帝也宽恕他的门徒："当下耶稣说，父阿，赦免他们。因为他们所做的，他们不晓得。"（《路加福音》第 23 章第 34 节）

在《新约》中有这样的场景，众人要拿石头砸死一个行淫时被拿的妇人，这时耶稣说："你们中间谁是没有罪的，谁就可以先拿石头打她。"（《约翰福音》第 8 章第 7 节）这说明每个人都需要被解救。为了做到这点，众人首先要学会宽恕。众人首先得认识到自己并非完人，也是有不足的，所以不应该把妇人看作是不如自己的人。众人必须先宽恕妇人，之后才能宽恕自己。只有宽恕，才能把自己从错误和弱点中解救出来。从古至今都是如此。

大家不需要去考虑祖先们的灵魂如今归于何处。他们早已得到了新的发展机会，我们应该把这一切放心地交给神。如果他们对我们曾有过看似负面的影响，我们必须宽恕他们，因为他们只是我们的镜像。我们也必须宽恕自己，因为我们当时没有去追究事情的原因，而是消极地将之看作负面影响。我们应当祝福所有的家人。

我们回到之前提到的另一个问题：为什么掌握生命原理的知识是有益的？答案令人欣慰：灵魂所获得的一切都将被保存和累积。才能、特性、智慧和基础性的认识将得到保留，成为继续发展的基石。灵魂到达的发展阶段越高，生活就越有趣和越美好。

认清自己是生命原理在精神层面发挥作用的基础。在下一部分内容中我们将分析人的性格。瑞士心理学家卡尔·荣格把对本我的认知看作精神上必做的事。停留于无知在他看来是"最严重的罪过"。事实上,如果对自己一无所知,那么发展也临近尽头了。知道自己是谁,知道如何看待自己,这能让我们找到生活中的机遇之门。我们应当把过去看成可以从中学习和吸取经验的机遇。

把生命原理融入生活和工作意味着放弃叛逆,体味和谐,以及获得真正的自由。

灵魂原理

灵魂这个概念的内涵是什么或者说应该怎样理解灵魂这个概念，这个问题长久以来一直困扰着人们。如果要把所有的哲学家对灵魂的定义都列出来，恐怕是"罄竹难书"。有人认为，所有的灵魂都是神在距今无限遥远的时候创造出来的，我们同意这一观点。我们已经在前面的内容中谈到了这一过程并且分析了原因。

"灵魂"并不是科学意义上的概念。因为我们没有办法举证，所以灵魂存在迄今都没能得到科学的证明。

我们的观点基于自己的亲身经历。正如在本书前面的内容中讲到的，我们首先需要了解灵魂是十分复杂的振动的结合体。灵魂来到人间，寄住于物质层面的肉体，以此来体现自我。灵魂给肉体注入活力并打上烙印。我们有意识，这便是证明。大部分人会说："我有一尊肉体和一个灵魂。"这么说就犯了观念上的错误。正确的说法应该是："我是一个灵魂，现在寄居于一尊肉体。"很多宗教也认为人类"有"灵魂，这可能会引发一些误导性的表述和观点，让我们觉得人都是和肉体——一对应的，不能作为精神单独存在。其实灵魂只在这里，即只在这个物质世界需要依托于肉体。明白自身的本质是灵魂，我们就可以把积累的各种经验进行正确的归类并加以利用。我们也会明白，肉体只不过是一面镜子，是灵魂表达自己的镜子。同时我们也就能理解，当肉体生病的时候，灵魂也处于困境。

正如上面所说，我们对灵魂的定义源于实际的、日常的经验。灵魂是振动的综合体，具有复杂而又未知的潜力。这个综合体中包括：

智慧的能量

才能的能量

性格的能量

意识是灵魂的一项功能，通过意识我们能感知灵魂和身体的状况。我们意识到自身的存在和自身的意愿，意愿也是灵魂的一项功能。

每项正确的决定可能只是在上述方面很小的改进，但都会增强和补充灵魂的能量。任何一项弱点和错误决定都会影响振动频幅，从而造成能量损失。举个现实生活中的例子来说，善于倾听是一项才能，集中注意力倾听的人就运用了这项才能。在此期间，他既提高了这项才能本身，也强化了"耐心"这种性格。结果就是一次良好、高效、有利于各方的会谈。而根据会谈内容，可能还有其他有价值的改进，比如更善于处理人际关系或者获得新的认识，增长见识，等等，后者意味着智慧的提升。在大多数情况下，一种满足感会油然而生，人们会感觉到自己变得强大，这体现了能量的增长。

如果由弱点主宰行为方式，后果也同样波及很多方面，但都是消极负面的。不承认错误就会助长"懦弱"的气焰，并且损害"坦诚"。不去反思犯错的原因，等同于放弃了了解实情和找寻正确的解决方法。智慧在此毫无用武之地，当事人也会有无力的感觉，这表明能量在流失。

每个变化都意味着灵魂的能量状态在改变。通过改进和发展，"灵魂"的振动形式更加有效，因为它的能量增加了，强度也增加了。

弱点给我们带来消极负面的后果。灵魂既有的振动被破坏，总能量和强度也相应减小，能量被用在错误的地方。尤其是妒忌、恶毒批评、烦躁、无事生非、心胸狭窄等，会制造一种"让人喘不过气来"的氛围。

智力原理

什么是智力？我们认为智力是直觉和理智的结合，让我们在物质和精神世界找到头绪并生存下来。这两种因素共同作用，相互补充。

德语中的智力这个词来自于拉丁语中的"intellegere"。它的意思是选择、认识和理解。自一百多年前起，经验心理学就一直致力于解释智力是什么，但至今还没有得出被普遍认同的定义。其中为大多数人接受的定义为：智力是适应生活中新任务和新环境的精神层面的能力或者理智思考、有效行动的能力。有些研究把在复杂的认知环境中获得知识、运用知识和提升自我的能力也归入智力（罗伯特·斯腾伯格，1949年）。

在智力研究中，因素分析模式的代表们尝试用可以相互区分的纯因素要素来定义智力。路易斯·列昂·瑟斯顿把七种纯因素描述为：语言理解、语言流畅、数字、空间想象、直觉速度、记忆和推论。乔伊·保罗·吉尔福特（1897—1987）则列出了一百二十种纯因素。

智力因素的可比性和可测性在研究中至关重要。人们发明了智力测试，从而得出智力百分比。目前智力测试已经发展成对智力的总测评，还可以分别测量和某些特定因素相关的各种智力。研究还尝试把年龄结构和智力发展结合起来，同时还考虑到基因和环境的因素。

智力是灵魂中极为复杂的一部分，也是灵魂中不可分割的部分。智力也具有发展的能力，可以达到天才的阶段。但智力是不可遗传的。和前面说到的一样，灵魂是经过了很长时间的历练才达到目前的智力阶段和多样性的。但如果对小孩进行恰当的鼓励，他们的智力可以得到飞速提高。家庭因素对智力发展起着关键作用。

智力中的一个重要因素是直觉。我们在本书前面的内容中已经提到了这条原理。

直觉是无法衡量的。一个人所拥有的直觉的种类、丰富程度和总量取决于精神因素，尤其是专注能力和放宽心态的能力。实践表明，不能摆脱恐惧的话，能量就会减少。人们在恐惧时会做出"蠢事"，这是因为直觉被阻断了。一旦失去直觉，人们就会感觉无力、无助甚至恐慌。如果其他的性格弱点占据上风，也会出现类似的现象，比如刻薄、固执和易怒也会阻碍直觉。

我们不能自己创造直觉。直觉来自于神和生命原理，通常以灵感或者感觉的形式出现。理智捕捉到灵感，从中提炼出一些具体的想法，最终完成整个思考过程。根据不同的内容，直觉会被归入经验或者认知。在思考过程中，直觉还会不断出现，为思考过程注入新的灵感。这发生在所有需要聪明才智的地方，不管是简单的还是复杂的。能够完美地捕捉和落实直觉，我们就成为天才。天才的很多能力都源于直觉。没有直觉就不会有新发明，没有直觉就不会有艺术，没有直觉人就不能继续发展。

在现实生活里，小孩往往比成年人具备更强的学习能力。因为他们根据自己的直觉行动，很快自动进入下一个学习阶段。当然前提是大人们允许他们这样做，不会横加干涉。孩子们学习的方式多种多样，学习进度也参差不齐。最好的促进方法是给孩子提供尽可能多的可能性，让他们有更多的机会去积累经验，并耐心回答他们的问题。

智力中还包括理智。它不属于大脑的功能，但大脑的很多功能却离不开它。理智是对各种因素进行权衡，可以说是直觉的对立面。

我们可以区分什么时候是直觉什么时候是理智在发挥作用么？还是说两者配合得天衣无缝，始终是同时发挥作用，根本无法割离？或许我们都有切身的体会，往往是一会儿理智占上风，一会儿直觉唱主角。尤其在作决定的时候，这种体验特别明显。我们会说有些人是理智的人，有些人爱跟着感觉走。但事实表明，理智占主导的时候往往会作出错误的决定。

为了更好地发挥自身的才智，我们应该怎样处理直觉和理智之间的关系呢？我们应当尽量保持两者的平衡，因为理智风头越劲，直觉的作用就越小。

通过理智把灵感挖掘下去和发展开来，我们称之为"思考"。但仅仅靠思考是无法解决问题的，因为我们很快就会碰壁。作家马克斯·乌雷在他的《从混沌到宇宙》一书中说："才智不是体现在引发矛盾和紧张的思考中，而是体现在处理不平衡关系的行动中。真实的才智是解决问题的能力，而不是思考的能力。思考往往只会四处碰壁。智力和智慧有一点共同之处——它们都取决于直觉。"

我们在物质层面和精神层面遭遇的一切都有待大脑来处理。大脑的状态对我们能如何吸收、处理和评估接收的内容起到决定作用。我们可以采用一些方法来提高大脑的工作效率，最好的方法就是有针对性地排毒排渣和摄入大脑急需的营养物质。有一种由奶制品和素食组成的膳食搭配可以同时满足上述两点。这种方法经过了四十多年的验证和完善，在很多人身上效果显著。这种营养搭配是一种持续的、温和的排毒方法，不会让身体吃不消。此外，这种膳食还避免让毒素和渣滓进入身体。尼古丁、咖啡因、药物和毒品只会给大脑增加负担，根本不可取。未能排出人体的毒素和渣滓主要沉积在脂肪中，脂肪过多的大脑会变成一座"垃圾场"。另外，摄入足够的氧气也十分必要。

才能原理

"才能"这个词让人浮想联翩。才华横溢的人都有种特殊的魅力，周围人能感觉到他们的才能散发出的能量。

每种才能都有自己的振动形式。这很容易理解，比如，有人有艺术才能和手艺才能，有人具备说服力，有人善于言辞，有人客观公正。才能的发展程度也因人而异，有初出茅庐的新手，也有游刃有余的老手。和性格以及智力一样，才能也体现了灵魂所处的发展阶段的一部分。也就是说，我们的才能不是"从襁褓中"带出来的，而是通过努力掌握的。它也是经验发展的产物，我们每时每刻都可以锻炼才能，而且才能多多少少会在我们的性格上留下烙印。此外，掌握新的才能也很重要，这能对灵魂的振动形式进行补充。

掌握和发展某项才能会对大脑产生积极的影响。神经学家已经证实演奏乐器有助于在大脑中产生新的联系。德国神经学协会第八十届大会公布的最新研究结果表明，演奏音乐可"加强感官、运动和大脑中听觉部分的联系"。艾克哈德·阿尔腾米勒教授解释道："欣赏音乐和高水平的演奏属于人类最具挑战性的活动。"

才能和性格紧密相关。有时它们之间的过渡是如此自然，以至于我们很难区分到底哪些是才能哪些是性格。各种才能之间有着密不可分的联系。很多时候，某种才能是掌握另一种才能的前提条件。要创作出好的作品，雕塑家不仅要拥有很好的观察力，还要具备很强的手工操作的灵活性。

我们能在日常生活的很多场景中利用才能和能力这个"百宝箱"。举几个例子：

健谈、各种艺术创作能力、善于应酬和充满幽默感——这些才能不仅给别人也给自己带来快乐。组织和策划能力、判断重要性和统筹安排的能力让每天的生活有条不紊。乐于沟通、善于倾听、稳重可靠和设身处地为别人着想的能力有助于建立和维护良好的人际关系。

三项关键才能

有三种才能对我们的发展起到决定性的作用：专注能力、善用直觉和自律。

专注能力

首先有必要区分一下专注原理和专注能力。原理本身是不可撼动的，但是我们可以以提升利用原理的能力。孩子们基本都具备这项才能，他们全身心地投入某种游戏，根本不理会周围发生了什么。可惜在他们的成长过程中，由于种种影响，这种能力会逐渐减弱，甚至消失。但正如我们在之前讲的，提高专注能力可以说是我们一生的任务。

善用直觉

直觉原理和利用直觉的能力之间的区别和上面所说的一样。我们也同样要提高运用直觉的能力。因为直觉在生活中必不可少，所以，我们基本上都具备这种能力。但很多人却没有意识到在作决定时直觉给予了我们很大帮助。直觉原理能够一直引领我们朝着正确的方向行进。在直觉原理的帮助下，我们能借助直觉的力量实现最快的进步，所以投入精力强化这项才能尤为值得。让直觉指引我们，相信它并遵从它，我们的生活将变得更加轻松。

自律

一个人毕其一生精力，可以把才能和性格发展和改善到何种程度呢？这个问题的答案取决于第三项才能自律。可惜在当今社会，人们常常觉得纪律或者自律是种限制，有的人甚至干脆抵制纪律。但是他们却忽略了纪律在我们取得成功和增强能量的过程中起到的巨大作用。纪律让人在错综复杂的环境中做到有条不紊，让我们心态平和、心情愉悦。纪律还能让我们远离压力，让日常生活更加美好。

其他重要才能

才能的种类有很多，这里只能列举一些最为重要的。我们在下面列出其他一些才能，从中可以看出灵魂所包含的内容是多么丰富。很多读者都会在自己身上发现这些才能。大家还可以把自己已经拥有的或者希望拥有的才能补充进来。

识别优先性

这项才能不仅影响日常生活,还影响整个人生规划。在规划每天的日程时,我们会认识到待办事项的轻重缓急和必要性各不相同。我们无法更改时间和期限已经固定的活动,但是通常可以自主安排其他事情的先后顺序。排列先后次序有助于缓解压力,而在对事情进行统筹安排和考虑下一步做什么时,直觉会起到很大的作用。这里再次体现出各项才能的协同合作:专注能力和利用直觉的能力可以帮助我们识别优先性。

工作以外的事情也有优先性的问题。我们在生活中都会面临这个问题,只不过有时候我们不知道而已。我们会依据当时当地的情况或者通常认为的重要程度作出决定。如"早知道我就不这么做了"、"我错失了一个好机会"、"我本该抓紧时间的",这些话都表明我们没有认清优先性,这也从反面说明了这项才能多么有用处。

一个人的生活态度和生活轨迹也决定着他对于优先性的认同。人们通常会根据自己对重要性的判断来采取行动和做出决定。每个人都根据他在当时情境中的判断做出行动,所以我们必须一再重新提出和一再重新回答一个问题:什么东西在什么时候最重要。

很多人都是不假思索,随意采取行动。他们没有挖掘自身的这种才能,所以根本想不到要根据优先性来作决定。在我们做完报告的时候,经常有听众问起是否还有机会参加类似的活动,以便获得更多信息。他们说有块心病长久以来一直困扰着自己,希望能得到帮助。但得知下周或者下下周有报告,而且期间还可以针对自己的问题提问时，他们又说来不了了。最常听到的理由是："我奶奶那天过生日"、"我们计划那天出去郊游"、"那天有人请我吃饭，这事早就说好了"，等等。但如果他们始终不把自己的健康放在优先考虑的地位，或许某一天他们都没有能力去完成其他这些事情了。

我们可以通过练习来开发识别优先性的才能。我们的日常生活是一个绝佳的培训基地。尽量有意识地问自己，现在最重要的是什么，这样会逐渐养成良好的习惯。在面临影响深远或者万分重要的决定时，优先性的问题就会自动出现于脑海中，这可以防止我们作出错误的决定。

放宽心态

前面我们也经常说到放宽心态。但是放宽心态可以成为一种能力、才能么？其实和其他能力一样，放宽心态也可以通过练习来掌握。生活中有很多锻炼的机会，利用这些机会，就会慢慢地将之发展成为"才能"。这也是解决问题的最佳途径，因为放宽心态之后，直觉通往我们的道路才会畅通无阻。放宽心态还十分有助于协调人与人之间的关系，因为我们可以给予自己的，同样也应该公平地给予他人。

建立和遵守秩序

这是一个迷你版的秩序体系，是生命原理的秩序体系的缩影。我们首先要在所处的环境中建立秩序。这是一项考验智力的工程，要求以解决问题为导向。但怎样才能找到好的解决方法呢？下面的秩序体系可以助我们一臂之力：放宽心态，认识和接受直觉，统筹考虑各种可能性，完成思考过程，自律地遵守既定秩序。

我们的想法也应该有一套秩序，也就是把刻薄批评、妒忌和类似的"捣乱分子"撇在一边，这样才能实现灵魂的平衡。

保持身体健康

这也是才能么？乍看似乎说不通，但仔细想想，这其实也是我们的责任和义务。因为我们的肉体受之于神，我们应该精心呵护。人的身体作为神的创造，本是没有缺点的。灵魂注入后，他们才被打上烙印，成为灵魂传递和表现自己的媒介。

我们身边有这样的人，他们总是很清楚什么对身体有利，什么对身体有害。如果缺少水分或者氧气，他们会立刻灵敏地感觉到，立刻开始饮水和打开窗户通风。他们有意识地安排自己的膳食，能敏锐地察觉自身能量的增减。他们通常都有很好的方向感，还能即刻感受到周围的能量状况。在有辐射的地方，他们感觉尤其不舒服。他们追求舒适，愿意在这上面倾注时间和精力。

保持身体健康也被称作一项才能。这是一种有积极意义的灵魂活动，能增强灵魂的振动。健康的身体也有利于形成健康的自我价值意识。

性格原理

性格原理极为复杂。我们在这里将讲到五种主要性格特质，这五种主要性格特质和其他性格特质有着紧密的联系。比方说，坦诚是一种主要性格特质。守时和坦诚紧密联系，因为偷取别人的时间是不诚实的。同理，勤奋和守秩序也同属于以坦诚为代表的性格。反过来，推诿和浮夸是不坦诚的。

各种性格中都包含积极与消极的性格特质；积极的性格特质将加强能量，而消极的性格特质则会减弱能量。当然只有积极的性格特质才符合原理，消极的性格特质是对生命原理的破坏。

坦诚原理

坦诚是所有性格特质中最为重要的一种，因为它的影响面广，和其他很多性格特质紧密相关。比如有时坚持真相是需要勇气的，这不同于简单地说"我对他就是想什么说什么"，这可和勇气和坦诚没什么关系，说出来的往往是批评或者抱怨。

这条原理中最重要的是坦诚面对自己。拒绝直面事情真正的起因，这对我们的伤害是最大的。当身处逆境时，很多人会将之归咎于命运坎坷。但其实我们自身才是命运的缔造者，因为因果原理是颠扑不破、无所不在的。我们所经历的一切，都源于自己种下的因。坦诚原理是认识深层次的真正原因的关键所在，而很多不明就里的人却喜欢称之为命运。通过坦诚原理所掌握的认识能帮助我们从容应对所有情况，使我们不会重蹈覆辙。

不坦诚往往会导致恶性循环和连锁反应。一对夫妇曾向我们讲述他们的经历：丈夫十分痴迷于下棋，而晚上的棋局中以烟民居多。尽管他自己不吸烟，但为了下棋也吸了不少二手烟。有天晚上的快棋赛上也是如此，这回他到凌晨一点才回到家中。第二天一大早夫妻俩去滑雪。在往缆车那边走时，丈夫的一根雪杖突然无缘无故地折断了，而且还是在平地上。后来滑雪时，身为滑雪老手的丈夫居然从雪板上掉了下来。中午时，夫妻俩去滑雪场边的休息站稍作休息并吃午餐。因为两人都是素食主义者，所以可供他们选择的食物并不多。妻子抢到了最后一份西红柿意大利面，而丈夫去点餐时一无所获。下午回家时，妻子刚刚踏入下山的缆车，玻璃门就关上了，丈夫被隔在外面。在一天当中碰到这么多"倒霉事"，这是再明显不过的提示，说明有人做错事情了。男人早就意识到他因为痴迷下棋经常晚睡，导致睡眠不足，而且二手烟损害了他的健康。他其实知道学以致用这条原理，但他却没有坦诚面对。

如果通过了特别艰难的对坦诚的测试，得到的奖励也尤为丰厚。灵魂获得的奖赏就是从一直以来迷惑自己的假象中解放出来，错误的信息将会被从大脑中清除。

坦诚这种主要性格特质中包含哪些特征，或者说什么是坦诚呢？

尊重他人财产，节约能源，勤奋，保护身体，遵
守秩序，履行义务，守时，礼貌，忠诚，有责任感，
可靠，以身作则以及最重要的坦诚——面对自己。

破坏坦诚的特征主要有：

推诿，懒散，固守恶习，虚伪，推卸责任，言过
其实或者言不符实，伤害他人。

这些列举并不全面，因为生活中对于坦诚的测试可谓变幻莫
测，而且通常和某些特定的情境联系在一起的。举例来说，在一
次项目合作中，有位雇员对工作有很敏锐的直觉，她的一些想法
后来都被采纳和落实了。但她并不是直接向领导层说出自己的想
法，而是先告诉项目负责人。她觉得如果由项目负责人说出这些
提议或许能更好地说服领导，因为他说的话更加有分量。后来开
内部例会时，大家还经常谈起这个项目。项目负责人总是自豪地
表示，他成功地贯彻了"他自己的"想法。开始这名女雇员觉得
很受挫。她后来找出了这种感觉的原因：她没有通过对坦诚的测
试，违背了坦诚原理。这些直觉是神给予她的，本应该由她自己
直接说出这些想法。所谓的顺水人情和大度其实是不坦诚和怯懦，
是对神的不信任。所以后来她感觉受到了伤害一点也不奇怪。这
个例子同时也很好地体现了不同的性格特质如何相互联系。坦诚
和勇气往往密不可分。

勇气原理

世界属于勇者，狭路相逢勇者胜。这里的勇者指的是那些有勇气走自己的道路、说出自己的想法、坚持真相和在掌握新知后改变自己固有想法的人。不能把勇气和目空一切或者肆无忌惮混为一谈。

有勇气的人生活踏实，常常成为他人心中的楷模。年轻人往往很崇尚勇气原理中的一些性格特征。其中最为明显的是明确直白的特征。有勇气的人几乎总能作出明确的决定，并以恰当的方式落实决定。经过深思熟虑后，他们有勇气直面挑战。如果"不"是正确的，他们就会明确说"不"；如果"是"是正确的，他们也会明确说"是"。

有勇气的人有下述特征：

> 有耐力，直陈自己的观点，直面矛盾并解决矛盾，坚定，勇于改变，自律，自控，自我超越，为自己的幸福投入时间和精力，勇敢，目标性强，忠于自己。

在这里需要特别提到谦卑。在勇气的众多特征中，它是最难达到的层次。但一旦达到，所有与勇气相关的问题都会迎刃而解。谦卑是完全接受神的指引的勇气，是执行神的意愿的勇气。

什么会妨碍勇气呢？最可怕的劲敌是恐惧。很多有关勇气的问题难以解决，根源在于恐惧。因为恐惧会让人无法谦卑，无法相信神的指引和无法相信生命原理的人会恐惧。在内心深处，他们知道应该接受神和生命原理提供的帮助。但是和"勇气"相对立的弱点阻碍他们这样做。这些弱点多种多样，而且很难被辨认出来，所以我们很有必要认识它们并予以重视。

攻击性、希望所有人都尽善尽美、屈从于他人的想法、过度宽容、受制于他人、自高自大、救助狂、自怜、一味顺从、牺牲自我、干涉他人、为了维持平和表象而放弃原则以及轻率莽撞——这些都是看似优良、实则阻碍发展的特征。

当然不会有人集上述所有特征于一身。我们只需要弄清楚，哪些优点能克服哪些缺点。没有人会在日常生活中的所有方面都缺乏勇气。当我们感觉缺乏勇气时，可以问问自己，这项计划或者这种行为是否符合坦诚原理。这个提问很有必要，因为勇气和坦诚是联系在一起的。坚持坦诚的人，就能鼓起勇气克服自己的怯懦。

哪些情况属于缺乏勇气呢？让我们看看下面这位年轻男子的故事。他常常被别人暗示缺乏勇气。但他却不能理解，因为他在很多方面都很勇敢。他乐于当众发言，敢于说出自己的观点，喜欢独自背包旅行。作决定时，他能力排众议。他还是素食主义者，而且有坚定的信念。但他在如何利用时间这方面却存在问题。有次搭乘火车时，他经历了一件不同寻常的事情。他当时坐在车厢的包厢里，一位男子坐在他旁边。这名男子开始和他攀谈，讲述自己的一些事情。他还讲到生命原理和来自"上面的"指引。年轻男子根本没有提到自己的困惑，这名男子却突然问他是否想知道自己在什么方面缺乏勇气。年轻男子说很想知道，得到的答案是："您缺乏立刻开始行动的勇气，您总是推迟做一件事情。因为您不相信自己能克服所有的阻碍，但其实您可以做到。"这是一个全新的观点，年轻男子自己从未想到过，而且他同时还得知了解决这个问题的办法。当年轻男子索要对方电话号码时，这名神秘男子说没有必要留电话了。年轻男子认为这次偶遇是上天的礼物，而且自那之后他就不再把工作往后推了。神的这种指引方式罕见却又神奇。

宽容原理

宽容原理内容丰富，它影响深远而且有着特殊意义，不仅对个人的性格发展，而且对人与人之间的共处也是如此。随着我们进一步阐述这一主要性格特质当中的各种特征，大家会更加理解这句话。在这部分，我们从弱点开始讲起，因为它们可以从反面衬托出宽容有多么重要。

恼怒、侮辱或者怀恨在心和自以为是都是无视别人想法的表现。这些人把自己放在别人的对立面上，不给别人言论自由，也不宽恕别人。

喜欢以牙还牙和希望自己能一锤定音的人也不会宽恕他人。

善妒的人想把爱人据为己有，不给对方丝毫自由空间。如果伴侣还重视其他人，或者除了这段关系外还有自己的兴趣爱好，善妒的人就会觉得自己受到冷落。

虚荣的人也很难宽恕别人。因为对他们来说，认可别人的能力以及认同别人的行为方式比登天还难。如果自己和别人相比处于下风，他们是不会原谅别人的，因为虚荣的人很难接受自己比别人差的事实。他们所做的一切都是怀着所谓的"良好的初衷"，但其实只是为了得到自己想听的赞扬。

愤怒、仇恨和报复心也都是不能宽恕别人的体现，这些情绪会形成报复和暴力的恶性循环。我们应该牢记天道酬"情"这条原理。

人能简简单单地宽恕长久以来的积怨么？这其实并非易事，需要有伟大的人格和谦卑的态度。很多人抓住小事不放，甚至一生不忘这种仇恨。耶稣被钉在十字架上时说："父啊，宽恕他们，因为他们所做的，他们不晓得。"甘地深知仇恨和报复的恶果，所以他说："相信'以牙还牙，以眼还眼'的人很快就会失去牙齿和眼睛。"坚守"宽恕别人也会被人宽恕"这条原理相当于在行善。这是对世界和平最宝贵的贡献。

如果做不到宽容，那么很多的能量就会被束缚住。在描写玛格丽特·施泰夫（德国女企业家）的传记电影中，她的生意一直经营惨淡，直到她原谅哥哥并同他重归于好之后，生意才开始有了起色。之后她才迸发了生产新型毛绒玩具的灵感，获得了让企业起死回生的重要订单。

"宽恕自己的人才会得到神的宽恕"这句话是什么意思呢？这里面蕴含着自我宽恕原理。不能宽恕自己有如慢性毒药。不停批评自己，不断自责，会阻碍我们进一步发展。既然我们期待神的宽恕，那么我们又为何不能宽恕自己呢？宽容的前提是我们认清了自身的错误，努力在今后予以纠正。我们应当意识到这是在完成全日制学校的课程，自责的作用只限于让我们认识到弱点和错误，提醒我们进行修正，一直自责下去没有任何必要。与其为错误而自责，不如从中吸取教训。这里有两条原理帮助我们：最重要的是付出努力和每天都是一个新开始。

懂得宽恕的人更加宽容、灵活和有耐心，他们不带偏见、保持中立、冷静沉着、理解他人、乐于合作、坦率真诚并容易相处。这让他们有很好的人缘，而且他们往往是社会中的稳定剂。他们懂得放宽心态，心怀谦卑并充分信任神，他们把神置于一切之上。

乐观生活原理

我们这里所说的拥有积极的生活观是指一种性格特质，或许这个观点听起来有点奇怪，念书的时候恐怕没有哪位老师会这么说。

凡事往好处看是一种融入生活各个方面的态度，类似一种才能。有这种特质的人不会轻易陷入消极思考。乐观主义者的身上具备这种特质，这类人往往能保持心理的平衡。他们能够从负面中看到积极正面的东西。

积极的生活观要求我们想得更加深远、寻找联系、弄清事情发生的原因、分析可能产生的后果、探索适合自己的学习过程和深信神的引导。积极的生活观让我们从更高的高度、更广的角度、更大的范围纵览各种联系。我们也可以更加容易地找到适合我们的学习方式。

而悲观主义者就截然相反。面对困难，他们往往消极以对，从一开始就不相信自己的努力会带来积极的效果。

属于乐观这一性格的特征很多，比如自信、喜欢学习、求知欲强、坦诚和相信神。

反过来，多疑、悲观、自寻烦恼、猜忌和丧失希望都表明对生活没有抱持积极的态度。当然，正面积极的态度也会体现在思考上，但不仅仅局限于思考。

在人们生活和共处的地方，乐观的性格对于营造良好的环境可起到帮助和促进作用。

时间利用原理

把时间利用称作性格似乎有悖常识，但所有善于利用时间的人都能随之拥有众多好的品性、行为方式和才能。如何利用时间？合理利用时间能给我们带来什么呢？

经常聚精会神地做事情可以提高我们的专注能力。

规划日程可以避免压力的产生，从而保护我们的神经系统。

遵守身体的代谢规律让我们更加健康和精力充沛。

短暂的休息和放松可以让注意力更加集中。

写日记和总结在全日制学校的所学可以收获丰富的认识。

完成一项有利于他人的工作可带来满足感。

保持灵魂和精神的愉悦是最好的充电方式。

继续教育让我们有新的视野和新的机遇。

合理膳食是对健康的重要投资。

所有有效利用时间的活动也有助于强化"勤奋"这一特征，也给我们带来能量。

浪费时间会造成不可估量的能量损失，尤其严重的是：

上瘾、成瘾会让身体中毒。

混乱，不停地找东西需要很多时间。

做白日梦妨碍集中注意力和捕捉直觉。

轻率的冒险运动会消减能量，而不是让人放松。

干涉他人、妨碍他人的学习过程也是浪费时间。

不合理的膳食会消耗能量。因为所有的多余物质也都必须经过消化，之后堆积在体内或者排出体外。

不能带来持续发展的工作岗位意味着停滞不前。

从事同伤害他人的产品相关的工作也会带来消极后果，比如制造烟草。

因错误动机而维系的关系会损耗能量，尤其当一方试图"拯救"另一方而另一方并不想被拯救的时候。拒绝继续发展的人是无药可医的。

劣质电影会加重大脑和神经系统的负担，尤其是刑侦片、恐怖片和惊悚片等十分有害身体。比起我们所听到和读到的，我们所看到的图像往往会在大脑中留下更为深刻的印象，所以很难根除。它们会长时间地折磨我们的神经系统。

最后时间利用和坦诚也紧密相关。坦诚面对自己和他人的人很明白，浪费时间对人对己都是一种损害，而且从根本上来说是不负责任的做法。善于利用时间会打开继续发展的阀门，而浪费时间会阻碍发展，所以时间利用原理对灵魂来说是一项尤为重要的因素。

意识和自由意愿

如果灵魂没有意识和自由意愿，那么智力、才能和性格特性根本无从谈起。只有灵魂具备了这两项功能，它才能认识和感受到所处的环境，才会想去改变或者维系这个环境，也只有这样它才具备继续发展的可能性。意识和自由意愿是我们与生俱来的一部分，两者都是灵魂原理中不可分割的一部分。

科学迄今为止都没有对意识做出完整有效的定义。但从日常经验出发，我们可以找到一些对意识定义的蛛丝马迹。

意识有不同的层次和维度，我们称之为意识的种类：

我们意识到自己的身体。这种身体意识因人而异。有些人有很强烈的身体意识，而有些人的身体意识很微弱。

我们意识到自身在精神层面的存在。我们知道自身的唯一性，知道自己是独一无二的灵魂。我们把认识到这点的能力称为个体意识。

这两种意识如影随形，构成了一个整体，我们将它称作个人或者整体意识。

意识中这两种因素各自所占的比重因人而异。根据当下所处的环境，两种因素在同一个人身上的比重也会变化。比如运动时，我们对身体和身体的能力有完全的意识，而个体意识此时就退居次要地位。而当我们面临对精神或者灵魂的考验时，身体意识会隐退到幕后。

意识根据各人所处的发展阶段做出相应的变化。因为地球上每个人的意识都在不停地变化，所以它构成了人类集体发展的一部分，这体现在环保意识、追求更加合理的膳食、丰富精神世界的需求和对和平的渴望等方面。每一个人都可以对这一积极的发展贡献出自己的力量，这既是机遇也是责任。

由此可见，意识的确有不同的维度。它囊括所有的认识和所有的感知。简单地说，意识的内容就是我们所意识到和所感知到的一切。人与人之间的意识内容有天壤之别，因为从灵魂诞生的那一刻起，它就开始了发展的过程，而意识也伴随灵魂的进步发生相应的改变。处于不同阶段的意识区别明显，我们将之称为意识的层次。

不愿继续发展自身的人无法拓展自己的意识。这样的人就只能停留在我们称为意识受限的阶段，他们和那些不断发展自身的人之间的差距会越拉越大。意识受限的人同时也缺乏直觉，因为他们根本不懂得利用直觉去改善自身。如此一来，涌向他们的直觉会逐渐减少。因为生命原理重视效率，只有提供的机会被当事人捕捉到并善加利用，它才会投入更多能量，这样它的工作才有意义。一直停留在这个意识层次的人却自认为无所不知，不再需要学习。或许他们拥有惊人的才智，但却无法参透精神层面的生命原理。面对理智和直觉，他们毫不犹豫地完全倒向理智，根本不给直觉容身之处。

继续发展的灵魂拥有正常意识。这意味着灵魂在各个层面的认识都是开放的。这些人深知自身是神的创造，肯定和认识到神的存在，参悟了生命原理并自觉评估在全日制学校中的所学。它意识到自身的发展潜力，也明白自身还处于学习进步的过程当中。这些人每天都会得到成千上万的灵感，当然他们自己能否捕捉以及如何应用这些灵感又另当别论。正常意识不是静止地存在，而是相应地根据不同的发展阶段而发生变化。

随着发展的深入，意识也将达到更高层次。或许很多读者已经听过"高度发展的灵魂"这个概念。处于这个发展阶段的人具备超级意识。他们从内心相信灵魂不死，深知生命的意义和永恒的真理。他们已经是神的伙伴，身上往往迸发出与众不同的光辉，当中很多人在各自的领域作出了卓越贡献。这些人中有伟大的音乐家、画家、诗人、演员、指挥家、歌手、政治家、发明家、哲学家、科学家和教育家，比如达·芬奇、歌德、牛顿、甘地、叶卡捷琳娜二世和特蕾莎女王等。他们的超凡能力让人类的历史发生重要转折。当然不是所有达到这个阶段的灵魂都闻名于世和为众人所关注，但他们往往通过自身的榜样效果和所做的工作为世界的发展作着重要贡献。

我们曾在很多出版物中读到这样的话："拓展你的意识，扩大你的意识。"这到底是什么意思？意识能这么轻而易举地被拓展和扩大么？

或许比"拓展你的意识"更好的说法是"发展你自己"。可惜两者都不是很具体，而且没有切实指出"如何才能做到"。但有一点很明确：扩大意识不可能一蹴而就，不会像翻筋斗云那样一日千里。我们应该迈出小小的但却扎实的步子，特意去观日出，看秋日的层林尽染，静观大雪重压下的树木，凝视水中的月影，或者随意欣赏大自然中的某种美景，然后体会到内心的喜悦。其中的要义在于有意识和喜悦。多花些时间和精力去做这些事情，越是这样做，就越能捕捉和感受自然中无所不在的美。喜悦可以让所获得的印象在意识中留下深深的烙印。认识美的才能得到了开启或挖掘。这一套路在其他领域也屡试不爽，比如有意识地买东西也是一种很好的锻炼。购物时仔细阅读食品包装袋上的配料表，以此来决定是否购买，这样便拓展了合理膳食的意识。

另一个关键点是一定活在当下，因为自我发展以及意识的拓展是在当下发生的。对生活越仔细，斩获就越多。每次专注的练习都会提升直觉，因为直觉也发生在当下。专注和捕捉直觉的能力愈强，拓展意识的效率就愈高。如果加上对宇宙万物联系的理解，那么意识的范围就更加宽泛。人们可以更加敏锐地感受到对精神和灵魂来说十分重要的东西。

拓展意识的另一要点在于对神和生命原理心存感激并且把这份感激表达出来。这里的表达是指落实到具体行动上。有些人说："我感谢我所拥有的一切。我是个知道感恩的人。"能做到这点已经不错，但是我们更应该把谢意落实到具体行动中。我们应当更加仔细地关注每天所发生的事情，更专注地倾听和观察。之后我们就会发现，原来生活中有如此之多值得感激的东西。感谢不需要等到以后，而是可以即刻表达，即便对日常小事也是如此。

真诚的、有感而发的谢意可以让生命原理继续给予我们帮助。让我们从现在做起，每天为三件事情而心存感激，可以是任意三件事情，比如清晨悦耳的鸟鸣、阳光、雨水和保住了工作等。这样我们会学会珍惜，不会认为所得到的都是理所当然又轻而易举的，我们就会更有意识地去体会我们周遭的人和事。

继续发展和拓展意识紧密相连，在灵魂发展的过程中，意识也起了作用。我们意识到某种环境后，才会发自肺腑地接受环境，也才会尝试按照自己的想法去改造环境。

我们性格特性的另一功能是自由意愿。我们如何运用以及是否运用它，由每个人自主决定。如果应用得当，它的能量就会增强，我们会有更强大的意志力，能愈加熟练地运用敢想敢做这条原理。如果有人说"我应付不来，我不会宽恕，不能坦诚，无法专心工作"，这就不禁让人怀疑，他到底是否愿意付出努力。不管什么事情，只有首先愿意去尝试，才有可能做好。如果一开始就消极以待，不看好结果，那最后恐怕也只会"如愿"地把一切搞砸。有句话说得很好："有志者，事竟成。"

灵魂的能量原理

每个灵魂都有基础能量，我们称之为生命能量，指每个灵魂得以诞生和维系生存的能量。

为了适应其所处的发展阶段，灵魂所拥有的能量总量会不断地波动变化。发展过程不是匀速前进的，所以能量总量会随之时增时减。正确的决定和灵魂的进步都会增加能量总量。

灵魂的能量拥有无限的增长潜力，这通过灵魂中各种因素的持续发展得以实现。灵魂的效用由此不断提高，即能更好地发挥作用。每个人身上所拥有的能量会影响别人对他的感觉和印象。

生命终结时，灵魂业已积累的能量将得以保存。这些积累的能量成为灵魂继续发展的起始资本。如同在股市中，只要形势总体向好，处于上升态势，一天内或者某时段的波动都无关大局。

能量波动终将平衡，我们通过所作的判断和在全日制学校中的历练实现能量平衡。此外，我们还可以有意识地提升其他种类的能量，比如再生能量和充电能量。

再生能量

大家都知道身体会在夜间进行再生。睡眠质量直接决定了我们第二天清晨是否精神饱满。原因在哪里呢？这条原理遵循固定的时间表。大脑和神经系统必须首先得到再生。在生命原理及其功能梳理身体其他器官之前，作为"电脑中枢"的大脑和神经系统必须首先处于待机状态。这通常发生在 21 : 30 到 24 : 00 之间。之后，其他器官的再生依据固定的时间表有条不紊地进行，我们称之为"器官钟"。如果再生所需的总体时间得不到保障，就无法取得最理想的再生结果。大脑和神经系统如果经常得不到充分再生，衰老的过程会显著加速。反之，只要严格遵守再生的时间规律，衰老过程就会延缓。

再生原理为我们提供能量，能量总量的多少和灵魂每天的作为挂钩。这点我们大家都有体会：如果白天和别人怄气，绞尽脑汁，充满焦虑或者体力透支，晚上通常睡不好而且在次日清晨能明显感觉到身体没有休息好。遇到这种情况，我们应该有意识地结束白天的工作和抛开烦恼，宽恕自己和别人的过错，放宽心态，然后准时上床睡觉。

充电能量

我们可以用各种方式给自己充电。灵魂和思想的碰撞给我们带来最有效同时也是最美妙的充电体验。我们都能意识到，在心情愉悦地和别人一起经历一些事情或者进行一次相见恨晚的谈话后，会感觉精神大振，能量大增。

去某些地方游玩也是一种充电的方式。其中特别有效的地方是火山岛，比如厄尔巴岛、伊斯基亚岛、潘特里亚岛，以及海边、湖边和名山大川等。这些地方能发散出特别强烈的能量，而我们可以借此吸收这些能量。

温泉、天然桑拿和泥沼浴场富含矿物质，能补充身体所需的微量元素，有益于增加能量。

另一种重要能量源是合理的膳食，它既有助于身体恢复，也能促进再生。

我们的行为决定着一天中能量的高低起伏。全神贯注地开始一天的生活，在清晨的一个小时练习集中注意力，搭建能量储备库，帮助我们游刃有余地应对接下来的挑战。一旦察觉能量消减，我们应当短暂休息，找出能量流失的原因。有时原因显而易见，比如生气、持有异议或对别人横加指责等。我们必须了解自己的行为并看清其中的错误。为在全日制学校中的所学而心存感激也会让能量大增。有些时候也可能是由于没有安排好事情的优先次序、计划不合理等而造成能量减少。它在提醒我们，先停下手头的工作，理顺接下来的事情应怎么安排，这样更有利于目标的实现。

决定的能量

正确的决定产生能量，错误的决定消耗能量。只要我们行事正确，必然会加强灵魂的能量。因为如果行为符合原理，原理就不需要消耗能量去创建某种情境来提示我们犯了错误。

如果生命原理需要提醒我们注意，它常常会制造一些小麻烦、小事故甚至大事故。生命原理为此要投入能量，而这些能量最终还是来源于我们自己。当遭遇这种情况时，最恰当的措施是表示感谢，即便这样看似很荒谬。我们感恩，就表示已经理解、明白生命原理在提醒我们注意一些早该意识到或者改变的事情。而当我们表示感激后，事情往往会发生一些不可思议的逆转，诸如疼痛明显减轻、痊愈过程加快、损失得以挽回等。同时我们也能更容易地看出造成错误行为的原因。要让事态往有利的方向发展，我们要满足一项前提：必须正视这些要求我们改变行为方式的提示。

不少人都曾有这样的体验。有位女士曾给我们讲述她的亲身经历：有次登山的时候，她的踝骨骨折了。同伴因为害怕会加重她的伤势，所以根本不敢挪动她。在这种情形下心存感激并且追问其中的“教训”可并非易事。但这位女士做到了。最终效果十分惊人：她不感觉那么疼了，而且救援人员赶来的速度远远超出预想。一名骨科领域的知名专家为她做了手术，术后疼痛减轻，而且恢复的速度特别快，很快这位女士就完全感觉不到疼痛了。在被运往医院的途中，她突然意识到了这次事故的原因。她自己总是轻率地尝试冒险，而且没有注意此前相关的警示。但尽管如此，神和生命原理还是经常给予她保护，这耗费了很多能量。在半年后拆下用于内固定的螺钉时，她的骨头完全愈合了，没留下一点缝隙。连医生都很惊讶，还问这位女士是如何做到的。

还有一条和错误决定导致能量损失相关的原理：矛盾尤为消耗能量。和爱人、父母、上级吵架或者邻里不和，这些让双方都元气大伤。个人的矛盾、打官司、政党间的争斗以及战争都是如此。如果我们把花在这些事情上的能量用于人与人之间的和睦共处，那世界该有多么美好啊！

很多人肯定都体会过，打官司是件耗时耗力耗财的事。其实控告别人就已经违背了坦诚原理，因为是我们自己一手导演了我们的遭遇。坦诚面对自己的人很快就会发现自己要为目前的状况承担大部分责任。对于由自己引发的后果，仅仅停留于不满，而不尝试去接受这个教训，这样是不会成功的。

能量流动

这是一条看似普通的原理，但对个人来讲却有重大意义。有句话说"投之以桃，报之以李"，付出的东西，会以另外一种方式回来。但和普遍的认识不同，我们还要对此附上前提条件。如果符合生命原理，我们所付出的一切都会有回报；反之，能量就付之东流。贝多芬对他的侄子倾注了毕生的心血，而最终得到的只是失望和心灰意冷，因为这个年轻人根本不愿意改善和提高自己。

我们有很多机会去给予和付出。除了物质和金钱，我们还能发挥才能，我们可以以此传播快乐。知识就是力量，我们不应该把知识囚困在牢笼里，而是应该把它传播开来。我们还能付出时间。在给予和付出的过程中，能量在流出，但根据原理，能量会以某种方式流回我们身边。

但如果认为散财就会收获更多财富，传播了知识就会增长学识，付出了时间就会赢得更多时间，那就理解得太狭隘了。原理让付出的能量以有利于我们的方式重归于我们身上，这种能量与能量的交换时时刻刻都在发生。

这里有个例子：我们一行三人去另一座城市办点事情。当时住在一位朋友家里，这位朋友还很大方地把自己的汽车借给我们用。我们住了几天就离开了，之后又有些朋友去她家做客。她还是很慷慨地让这些客人无偿地使用她的汽车，还宽慰别人说周末时候她不用车。但其实周一早晨她必须开很长的一段路去参加一个商务会谈。她认为经过一周末的折腾车肯定没油了，而且还会很脏。她准备去加油，但是恰巧当时手头没有现金，好像账户上也没什么钱了。她往银行打电话确认，银行职员说刚收到一笔汇款委托，但这笔钱得过几天才能到账。这名职员说现在算是无计可施了，接着便哧哧地笑起来，后来干脆放声大笑，我的这位朋友觉得莫名其妙。

为了给汽车加油，这位朋友只好打破从不举债的原则，准备向银行透支。但当她上车的时候，她惊呆了：汽车加满了油，而且里里外外都十分整洁干净。原来不仅我们主动给车加了油，后来的那些朋友也给车加满了油，他们还把车送去清洗并且做了汽车美容。但是大家都不约而同地闭口不提此事。这份感谢可谓雪中送炭。我们和后一批朋友都根据直觉选择了最正确的答谢方式。

从这件事能看出，能量交换从不停歇，而且还会发生于最佳时机。那么银行职员异乎寻常的笑声又想向我的这位朋友说明什么呢？这是生命原理的提示，让她不用担心。

吸引原理

相似的振动和相似的能量之间会相互吸引。有句话不是说"物以类聚，人以群分"么？说的就是这条原理。这建立在灵魂和精神相互契合以及和谐共处的基础之上。如果两名商人的能量相似，生意则很容易谈成。

身体的原理

了解了有关身体的原理，我们会更加惊叹于造物主的伟大。同时我们也会更加深刻地理解，自身的行为会对身体健康造成多么深远的影响。

据估算，总计有八十亿到一百二十亿条原理在我们的身体内发挥作用，所有原理相互协调，并行不悖。听起来难以置信？我们已经无法一一列出所有目前已知的身体原理了，何况其实还有很多的身体机能尚待发觉和研究，所以这个估算恐怕并没有夸大。单单身体内无数的化学反应就已经称得上一项伟大的工程。它们本身相互配合，同时还能和身体的物理变化协调一致。想想身体的消化功能和新陈代谢，不正是这样么？我们的神经系统也集中了无数的原理。大脑、神经系统以及心电感应等本身就堪称奇迹。

如果一切都按部就班、有条不紊地运行，身体就会保持健康。但为什么人会生病呢？为什么原理不能毫无差错地发挥作用呢？原因主要有两条：其一在于人类的灵魂自身具有弱点，其二在于周边的条件或者环境差，远远超出了身体的承受范围。

在本部分内容中，我们将探讨身体运行所处的条件。哪些属于不利于身体的条件呢？比如代谢不及时、身体不堪工作重负，还包括在空气质量差的环境里运动或者长时间停留，周末得不到充分休息，酗酒、摄入咖啡因、吸食成瘾物质或者过量药物。此外还有营养不良，即身体不能及时摄取所需的营养物质，很多人正是饿死在饕餮盛宴上。今天我们所称的粮食早已名不符实。对食品的过度加工造成营养失衡，一方面一些营养物质在加工过程中流失，另一方面又添加了其他很多无用的成分。如此一来，在某些营养摄入不足的同时，身体又因为某些营养的过度摄入而不堪重负。身体必须排出过剩的营养，这将消耗很多能量。其中，添加剂堪称最可怕的杀手。虽然宣传无毒无害，但其实它们可能给机体造成巨大损伤。也有一种说法是小剂量添加剂无害于身体，但其实这根本站不住脚，因为几乎在所有食品中都含有添加剂，而这些剂量会迅速累加。我们的身体通常无法正常排出这些"头号杀手"，它们会淤积在体内，成为身体的"垃圾堆"。

所有这些因素都构成了身体的隐患。能量流入不足，原理发挥作用时受阻。在经济学中，我们知道没有投入就没有产出，而利用一堆毫无价值或者存在隐患的原料也不能生产出高价值的商品。再高的智慧和再勤奋的工作在这里也无济于事。把我们的身体比喻为经济体，生命原理这位最优秀的"员工"掌握着我们所能想象到的最完备的知识。我们的任务是提供原料，这些原料应当尽可能纯天然并含有均衡的营养。我们应当慎重斟酌对食品的每一道加工工序，因为这些工业加工往往会给食物带来巨大的变化，而我们掌握的知识还不足以预见这些改变会带来的所有后果。

如何能解决这一问题？其实条件的好坏完全取决于我们自己。让我们以视觉为例来说明如何支持生命原理的工作。有助于视力的视紫质只会在没有光线的条件下进行更新，为此我们需要在黑暗的环境中保持足够的睡眠。对于视觉来说，胡萝卜素也不可或缺，每天喝一杯鲜榨的胡萝卜汁有助于视觉原理发挥作用。平时工作时我们要保证充足的照明，这样才能避免眼睛过度紧张。天然的日光总比人造光好，但阳光直射又有害于我们的眼睛，这时候就需要借助太阳镜来保护眼睛。

或许大家听过"富含能量的膳食"，它说明了膳食的本质就是能量源。阳光、空气、水和土壤中的能量转化于植物和微生物中。像上面所说的，我们只有通过合理的膳食才能利用这些能量。

身体拥有令人惊讶的更新能力。对我们而言，这无异于福音，但我们不能因此就肆意地对待自己的身体，否则就像把电器落在屋子里，以为有应急电源就万无一失，但其实电器还有可能因其他故障而失灵。只有有意识地、有技巧地配合身体原理，我们才会得到它的帮助。

奇妙的联动

身体原理为什么不能时刻尽自己的本分，发挥应该起到的作用呢？另一个原因在于我们灵魂自身的弱点。如同一块硬币总有正反两面，身体运行良好是我们灵魂中优点的体现，反之则体现了缺点。身体是灵魂最诚实的镜子。

灵魂原理和身体原理共同作用。想法、感觉、意向和决定都通过身体实现或者体现。我们一直都在观察这些现象，而且有时是不知不觉的。自孩提时起，我们就能识别他人发出的信号并进行相应的归类，之后我们会在交流中无意识地应用这些知识。别人在某一刻的所思所感都会发出信号，我们能直接捕捉这些印象。

在高兴或者担心时，心跳加速；生气时脸红脖子粗，因为这时有更多的血液涌向身体；惊吓会造成肌肉僵硬和痉挛——大家都很熟悉这些现象。

智力、才能和性格在身体上留下了不可磨灭的印记，会持续地对身体产生影响。它们既可以促进也可以阻碍身体原理发挥作用。比如从消化系统来看，当我们放松、平静、心平气和的时候，会觉得吃饭津津有味。但如果就餐时"一肚子火"或者心事重重，往往会没有胃口，消化困难。当性格有问题的时候，身体原理也会紊乱。生命原理通过这种方式提醒我们犯了错。我们应当思考生命原理想通过身体的反应告诉我们什么，但我们大多无暇顾及这些提示。正因为我们总是无视身体的这些反应，不懂得将之理解为对我们行为方式的提示，所以这些反应才会反复出现，而且总是涉及同一身体机能或者器官。这会消耗很多能量，而且持续的紊乱也有害身体。如果我们一而再再而三地无视这些提示，生命原理就不得不持续加强提示力度，最后涉及的身体机能或者器官就会遭到破坏。

经过长期的观察和比较，我们得出的结论是，某种特定的错误行为或者弱点会对某些特定的器官产生强烈影响。每种疾病都能够也应该有灵魂层面的病因。比如总是负面思考会导致体内发生化学变化，导致身体中毒，最终以风湿、痛风或者关节炎的形式体现出来；易怒会导致肝、胆、肾或者心脏方面的疾病。

这样会产生两个疑问。第一个疑问是，我们必须等到生病时才能发现问题么？不，答案当然是否定的。不存在毫无缘由的病患，所有疾病都有灵魂方面的病因。我们可以在第一个"警告"出现时就思考原因，并且相应地改善环境或者纠正自身的行为。睡眠障碍、劳累、没有食欲、无端躁动、忽胖忽瘦或者身体乏力等都值得注意，它们已经属于比较严重的警告了。

有位女士向我们讲述她的亲身经历：她在另一座城市找到一份新工作，但每天在家和单位之间来回奔波太费时费力，所以她在工作的城市租了一间小屋，工作日就住在这里。她舍不得卖掉自己的房子和离开原来城市中熟悉的一切。每次她周末回到自己的房子时，膝盖都会剧烈疼痛，有时甚至疼到不能抬腿上台阶的地步，但奇怪的是其他时候这个问题从来不会出现。她明白了生命原理的警示，决定卖掉自己的房子。就当她在屋里着手办理卖房手续的时候，膝盖一点都不疼了，而且之后再也没有复发。

第二个疑问是，如果能追溯到疾病的源头，我们能恢复健康么？能，答案是肯定的。一旦理解了自己需要学习什么，就找到了病因，这时也相当于明白了自己必须克服的弱点是什么，哪些弱点阻碍了我们的发展。疾病是反映灵魂弱点的一面镜子，现在既然已经发现和纠正了弱点，我们就不再需要这面镜子，身体的自我治愈能力便会开始发挥作用。维持某种紊乱即制造某种疾病会耗费生命原理很多能量。因为生命原理也遵循效率原理，所以它也希望尽快恢复正常功能。努力找出和克服灵魂层面的病源是发生这一切的前提条件。

如果疾病是慢性的，人们往往会因为时间较长而忽略灵魂方面的病源。我的一名女病人就是这样。她没有意识到同她丈夫之间的争吵其实是一面镜子，丈夫的自以为是和以自我为中心和她自己如出一辙。如果她早点发现，自己总想做那个说了算、有道理的一方，并察觉了由此产生的后果，或许对她会很有帮助。可惜她没有抓住这些机会，结果她患上了结肠炎。肠道疾病往往提示我们应该对一些事情放宽心态。当这位女病人来我诊所看病时，她已经患结肠炎 14 年了。其间她尝试过很多药物和疗法，都不见效。在她意识到病因并改掉自以为是的毛病后不久，病痛就解除了。

为什么我们把这篇文章命名为"奇妙的联动"呢？因为健康

基于精神原理和身体原理的协同作用。我们也相信，这篇文章会让大家更加清楚"把原理融入生活"的意义。

> 古希腊名医希波克拉底曾说过："疾病是对自然原理的一种违背。"

原理无时无刻不在帮助我们，但真正能对我们的健康负责的只有我们自己。

身体原理和灵魂原理共同作用举例

经过多年的研究和观察，我们发现灵魂的弱点会在身体上有所体现，想就此特别提出三点：

> 某种特定的弱点会引发某种特定的疾病。这并非个例，而是适用于所有人。我们可以通过比对病人的行为方式找出弱点和疾病之间的联系。
>
> 某一种弱点或者类似的弱点在不同的人身上可能导致不同的疾病，这种情况也常常出现。这看似和上面一点有些冲突，原因在于不同的性格相互作用的过程异常复杂，往往有多项弱点共同造成某种健康问题的现象。而根据各种特性所占的比重，身体会表现出不同的症状。
>
> 所有的疾病都蕴含着象征意义。比如，如果有人无法放宽心态，想要拼命地抓住某些东西，往往会有

手臂或者肠道方面的问题。便秘是过于执着的后果，
腹泻是在暗示需要放宽心态。

下面的表格列举了一些灵魂弱点和身体反应之间的联系。我
们无法在本书中罗列出所有和该领域相关的原理，所以我们就集
中精力，主抓一些重要的论断。亲爱的读者，如果你发现自身有
表格中列出的灵魂方面的弱点，并不意味着你将要或者必然会患
上相应的疾病。疾病是否爆发还取决于弱点的严重程度和弱点造
成的灵魂发展受阻碍的程度。只要能及时改正自己的行为，随时
都有机会避免患病。防患于未然总好于亡羊补牢。所有疾病的病
因中有百分之九十多是灵魂方面的问题。

弱点	影响
坦诚 不坦诚几乎参与了所有疾病的发生，但只有很少的疾病单单是由不坦诚引发的。	
不听从直觉，无视身体发出的信号，不遵从原理，推卸责任	听力障碍，耳内发痒，湿疹，耳鸣，神经性耳聋，咽鼓管炎，炎症
不注意观察，心态不正，心胸狭隘	眼部疾病，近视
不坦诚面对自己，否认镜像效应，欺骗	头晕，平衡障碍
固守恶习，如吸烟等	肺癌，异位性皮炎
勇气 缺乏勇气是常见的疾病诱因，而且常常和其他弱点共同作用	

苛求自己，过于拘谨，不关注身体	呼吸系统疾病，哮喘
惧怕改变	腿部有问题或者有痛感
害怕尝试新事物，易受他人驱使	贫血，缺铁
胆小，回避挑战，躲在"蜗牛壳"里不愿出来	皮肤病，痤疮，过敏
不敢面对自己，绕开矛盾，不相信任何人、任何事，营养不良	胃溃疡，胃炎
总觉得自己低人一等，没有主见，为了维持表面和气而容忍一切，因不懂拒绝而给自己揽来过多负担，缺乏自信	背痛，椎间盘突出，颈椎病，肩周疼痛和痉挛，骨质疏松症
不懂得放宽心态，缺乏勇气兼助人综合征	肠道疾病，肠癌
胆小，易受他人控制	乳腺癌，腹癌

记仇

和记仇有关的弱点往往会导致重症

爱出风头，总希望被夸奖和认可	胰腺疾病，各类癌症，多发性硬化
生气，愤怒，恼火，仇恨，报复心理	心脏疾病，高血压，肝、胆以及肾脏问题
怀恨在心，不能放宽心态，无法原谅他人	肠道疾病，肠癌
生气，妒忌，猜忌，大发雷霆	胆方面的问题，肝脏疾病
不能宽恕和释怀，不能和伴侣相处	膀胱疾病，肾脏疾病，眼部问题，肠道疾病

固执，不退让，不谦卑	膝盖问题，多种癌症
固执	头痛，偏头痛
无视镜像效应，不愿承认错误	肾脏疾病，眼部问题

消极的生活观
主要是慢性疾病和精神疾病的诱因

焦虑，想法消极，殚精竭虑	大脑和神经系统疾病，帕金森症
看不到积极的方面，观念消极，批评，干涉他人	口腔、脖颈、声带疾病，支气管炎、额窦炎和鼻窦炎
多疑猜忌	风湿病，关节炎
总爱指责他人，爱出风头	偏执性精神分裂
怪罪他人	发声器官
消极揣度他人	脑肿瘤

错误利用时间
只有很少的疾病是由这一弱点单独引起的，但它会和其他弱点一起引发多种疾病

爱说教，干涉他人事务，不合适的工作，不当的伴侣关系	甲状腺疾病
灵魂的发展止步不前，做白日梦，注意力分散，在一件事上浪费过多时间，从事阻碍继续发展的活动	忧郁症
沉迷于无意义的活动，爱出风头	躁郁症
用错误的方式寻找问题的解决方法，吸食毒品和尼古丁等	成瘾
对身体保护不足	肺部疾病

人与人之间

有些原理教会我们如何同他人和睦而有意义地相处，这些原理是我们最好的老师。

镜像原理

人际关系方面最重要的原理是镜像原理。列夫·托尔斯泰曾经说过："每个人都是我们的镜子，从他们身上可以看到自己所有的错误和不足。但很多时候我们的举动却像极了镜子前的狗，它朝着镜子狂吠，因为以为镜子中不是它自己，而是另一只狗。"

从内心深处接纳这条原理十分关键，但这个过程却往往万分痛苦。这是我们认识自我的前提条件，但是有谁愿意就这样直面自己的缺点呢？所以很能理解为什么有些人在不喜欢镜像中的自己的时候，就会做出上面提到的那只狗的举动。

但从另一个角度看，我们的长处和优秀的性格特征也能在镜像中体现出来，只不过这不容易引起我们的注意，因为它没有造成不快。大家觉得这时镜像中的自己很可爱，让人舒服。我们往往更加关注给我们带来困扰的东西。德语中有句话说："困扰我的，才是真正属于我的。"还有句话说："让我感动的，才是让我铭记的。"

没有必要跟自己的镜像怄气。唯一的解决方法是接纳镜像原理并且弄清它想告诉我们的是什么。

镜像原理会通过三种方式来引导我们。了解这些方式有助于弄清镜像的含义:

镜像折射出相同的缺点:

批评别人,会遭到别人的批评。

自己表达不清,会得到表达不清的指令。

经常对别人发火,会成为别人的出气筒。

自己常磨磨蹭蹭,周围的人也同样磨蹭。

镜像折射出我们所作所为的反面。因为很多时候相同或相似的行为不会引起我们的注意,甚至我们还看着很顺眼。折射出反面的镜像原理是这样的:

我聊起来口若悬河,而我的伴侣说起话来总是干巴巴的。

勤快妈妈,懒闺女。

吝啬的丈夫,挥霍的妻子。

老婆胆小怕事,老公胆大莽撞。

具有喻意的镜像:

我自己对衣着很考究,而和我打交道的大多是穿着邋遢的人,这让我很烦恼。我应该找出自己在其他哪些地方比较随意。

我身边有个人在事业方面有很强的企图心,精力充沛，这让我看不顺眼，但我和他相处得很好。或许我应该更加注意提高精力和挖掘自己的才能？

有人总是被蜜蜂或蚊虫叮咬。他爱挖苦别人或者用他的批评去"刺痛"别人。

以积极的心态认识和接纳镜像效应是迈往正确方向的第一步，这样才能纠正自身的弱点。如果通过第一种方式直截了当地指出弱点，那还能相对容易地认识到自身的错误。第二种方式，也就是通过和我们截然相反的行动来反映，这也很好理解。第三种方式需要我们在另一方面找寻镜像，这个稍有难度。但是它却是最有趣的方式，而且在现实生活中我们往往能成功地联想到其中的联系。因为这里存在比较，相对第一和第二种方式，第三种方式比较委婉。认识这种镜像有个小窍门：用言语描述事件或者我们的所见所闻会很有帮助。

在日常生活中，当我们感觉别人身上的某种东西打扰到自己时，我们应该自问："这可能和我有什么关系呢？"我们以此向直觉敞开了大门。理解生命原理的语言也有助于我们看清镜像原理。我们应当虚心受教，可惜我们却往往倾向于找理由辩解："我可不是这样的"，"我从不这么做"，"这和我一点关系都没有"，"他们应该尽量控制好自己的情绪，不应该往我身上撒气"……这么做可真比接受真相容易多了。

最困难但也最关键的一步是坦诚地面对自己，这样镜像才能让我们真正有所收获。承认自身的缺点和错误往往很痛苦，有时甚至会让人觉得羞耻和懊悔。但我们不应该在自我批评中一蹶不振，而应该把这些认识视作帮助，同时要宽恕自己并期待明天有一个全新的开始。这也体现出生命原理是一张包罗万象的大网，它不会弃我们于不顾。通过镜像原理认识到自己的不足，改善自己的行为，会给我们带来能量、好心情和重要的认识。我们应该享受这一过程。

每个人都能成为别人的镜像。作为镜像的人不同，给我们的感触也不同。如果是身边的人，那么给我们的印象肯定比陌生人强烈。因此镜像原理经常把友谊作为展现其作用的舞台。朋友有时可能是传话筒，这些信息大多比较紧急，只会偶尔出现而且往往忠言逆耳。但只有通过这种方式才能让我们尽快警醒。

另一个和镜像有关的有意思的现象是转嫁，也就是把自己的不足或者不对的行为方式嫁祸到别人身上。如果总是从别人身上看到最为丑恶的一面，这个人其实最看不惯的是自己。他在自己面前摆了一面镜子，却还没有意识到。他转嫁了自己的缺点。在与他人相处的过程中，这种行为会引发灾难性的后果。

镜像原理会对我们的生活产生深远的、积极的影响，这将鼓舞我们在这条道路上继续前行。

沟通原理

镜像与沟通相辅相成。关注镜像的人对待他人的方式不同于只盯着别人错误的人，他会用另一种方式倾听和回答。他不会过于批判，而是更为中立和客观。

沟通是多层面的行为，综合了多种因素共同作用。所说、所写、手势姿态和表情都是信息的载体。在面对面沟通时，言语的和非言语的信息交织在一起，这不同于只通过电话、广播、电视、信函和电子邮件等媒介沟通。不管沟通以何种方式进行，其过程都让我们大受启发。平面媒体、广播和电视产生的影响不同于当面交谈。如果传递的信息配以图片和音乐，会给我们留下尤为深刻的印象。但这些沟通都是单向的，因为我们无法立刻直接予以回应，而所传递的信息也都是预先设定好的。一旦我们对这些信息的真实性心生怀疑，就会和这类信息保持距离。

到这里，大家或许很想知道：是否有适用于人与人之间的沟通的原理？如果有，是哪些？

言语就是力量。言语是可以传递思想和感受的表达方式，这让言语成为多种内容的载体。除了所说的具体内容，言语还透露出关于讲话人的其他信息。对同一件事，感兴趣的人和漠不关心的人说出的话大相径庭。说话人传递出认同、否定或者无所谓的态度。而听者的感觉和投入了情感并摆明了态度的说话人也不尽相同。

不管说的是什么，我们总期待听者能有某种回应。很多时候这也能体现出说话者和听者的关系或者两者如何看待对方。说话的同时，我们的手势、表情和姿态都在辅助所表达的语句，此外还包括语调、语速和音量。

这意味着每场谈话除了包含言语型的，还包含大量非言语型的信息。正因如此，不管所说的内容是什么，当面交谈尤为有效。这也解释了为什么有些人很多时候害怕并试图回避当面交流，在电话中交谈相对来说比较容易。电话交谈的不足在于因为缺乏非言语型的因素，谈话有时达不到预期的效果。

说话者有权决定说话的内容，不管这些内容是经过深思熟虑的还是不假思索的。在任何一种情况下，所说的话都会引发反应。经过仔细斟酌的措辞更加有力，能产生深刻的影响；但有时不假思索、脱口而出的话也会收到意想不到的后果。

言语的效果还取决于说话者的人品和所处的社会地位。领导、受人爱戴的老师、知名学者或者政绩出色的政治家说话通常掷地有声，但同时他们也要为自己的言行承担更多的责任。

言语是一种交流手段，只有本着诚实和爱这两个宗旨，言语的力量才能得以尽情发挥。无论是两人之间的交谈，还是大范围的讨论抑或是众目睽睽之下的报告演讲都是如此。说话者应该自问所说内容是否属实："我所说的是真的么？我能保证么？我说这些的目的是什么？"我们从各个角度检测所说的内容中是否包含着爱："我的措辞亲切么？我留给别人思考和感受的空间了么？我是把自己放在首位还是更加在意我所说的话对听众产生的效果？我是中立客观的还是在试图作假？"

比如，有人在说完自己的观点后会问别人："难道你不是这么想的么？"这个提问有点虚伪。谁好意思直接回答"我不是这么想的"呢？尤其当发问者是位德高望重的人物的时候。

有些话中隐含着批评，比如"你又／还没……"，"这回总算好了"，"你上次做得更好"，"为什么不趁现在！"或者"你为什么这么做！"（不是以提问的语气）。我们经常听到的"不要冲动"其实也是在把自己的意志强加于他人。

每个人听到的内容都是他应该听到的。四个人听同一段话，他们的解读可能各不相同。每个人从所听内容中吸收的部分，是对他自己来说比较重要的信息。一旦掌握这点，除了实际谈论内容以外，我们还能在谈话中更多地了解自身和对话伙伴。说话者说出的内容有如加密的信息，由言语和非言语的部分组成。接收者用自己的方式解密这些信息。

德国著名心理学家弗里德曼·舒尔茨·冯·图恩在其《相互交谈》一书中研究了"听"，并据此提出了"交际四方型"模式。他研究了信息如何被接收者接受，得出的结论是信息可以通过四种方式被接收。我们借鉴这一模型，描述"每个人听到的内容都是他应该听到的"这条原理如何发挥作用。

只关注说话内容的人，几乎察觉不到信息中有关说话者本人、说话者的感觉和想法的内容。举个例子，企业中老板的请求其实就相当于工作指示。面对只关注说话内容的人，对话可能如此进行："请问可以在中午前把文件准备好么？""嗯，我想没问题。"

有些人依据说话的对象诠释听到的内容，这种人常常觉得自己受到攻击或批评。面对这样的下属，上述对话会变成这样："请问可以在中午前把文件准备好么？""当然了，我做事又不慢。"再比如："你完成工作了么？""你说呢？难道你觉得我在偷懒么？"或者："你今天看起来特别漂亮。""难道我平时不漂亮么？"这样回答的人一般很注重自身价值的体现，或者自视甚高。

对另外一些人来说，除了了解说话内容，更为重要的是说话者传递出的关于其自身的信息。他们对说话人本身感兴趣，想知道那人隐藏在心底的真正想法。只有设身处地地站在对方的角度，才能作出得当的反应和了解说话者的需求。他们会这样演绎上述对话："请问可以在中午前把文件准备好么？""我想您肯定急用这些文件，我很快就做完。"但要小心！听话者可能会把其他东西掺杂到所听到的内容中。这可能是批评或者是无端的揣测，听话者把自己的想法强加于说话者，这些想法其实是听话者自己的镜像。上述对话可能变成："请问可以在中午前把文件准备好么？""如果一定要在那之前完成，那没有问题。"其实心中想说的却是："这人根本不会及时告诉别人他什么时候需要什么。"

还有一种解读信息的方式是把所有话都当做行动指令。没有主见、容易受人左右的人往往都会这样反应。他们给自己设定的要求是：始终情愿，始终乐意效劳，始终为别人考虑在先。渐渐地，这种反应就会演变为下意识的，不再受自己的控制。他们把每条信息都看成"有目的性"的。他们做自己认定要做的事情，却没有去想为什么要这么做。上面的情景可能变成："请问可以在中午前把文件准备好么？""当然当然，我立刻开始准备，其他工作我都先放在一边。"尽管上司的要求是行动指令，但却引发了下属的过度反应。生活中有些人会对原本中性的信息做出过度反应。别人说："或许我们今天得把这些旧家具搬走。"这些人就会立刻答道："好的好的，我来做吧，都交给我，你一点都不用操心。"是什么造成了把所有话都当作行动指令呢？他们的动机可能是：希望成为最好的、最善解人意的和最讨人喜欢的人，希望让所有人满意。这类人在很大程度上迫切地希望自己得到认可和肯定。

任何形式的信息都会首先经过每个人的性格的过滤。我们需要弄清为什么自己总会用某种特定的方式对信息作出反应，而交谈恰恰有助于认识自我。

交谈是同别人建立密切关系的主要途径，所以善于交谈十分重要，是值得我们投入精力进行提高的能力。在我们尽量全面透彻地领会交谈的意义时，我们的思维得到了锻炼。我们要刻意跳出惯性思维，这样可以减轻过度反应并避免狭隘的观点，让我们也能注意到其他视角。在某些情境中，我们既是主体，也是旁观者。我们可以通过集中精力、换位思考和耐心使谈话达到更好的效果，并且提升自我，同时直觉也会更加灵敏。所有这些都有助于交谈的进行。

这听起来似乎遥不可及。但不积跬步，无以至千里，没有人能在一夜之间成为脱口秀女王。只要把交谈技巧逐步地运用到实践中，我们就会慢慢看到成效。当我们有意愿去改善自己的说话方式，同别人愉快地相处、消除误解就会成为可以实现的、触手可及的目标。

"不干涉"原理

在人际交往中，"袖手旁观"是尤为重要的原则。遵循这条原理会带来意想不到的收获；而一旦违背这条原理，遭受的损失往往会超出我们的预料。它的作用范围不仅局限于人际交往。干涉他人，其实是在阻碍他人的学习进程。

没人知道别人现在正需要学习什么。即便有时候觉得很了解一个人，其实我们也不清楚他处于什么发展阶段。再加上对别人的性格也是一知半解，没人能理清灵魂中众多元素的相互和共同作用。谁又能知道别人眼下最需要学习什么呢？而且我们也不清楚别人的行动意图。任何一个自作主张的建议都可能成为别人发展的绊脚石，所以不要总是好为人师。但有时候的确很难保持沉默，尤其当涉及自己所关心的人时。正所谓"不识庐山真面目，只缘身在此山中"，我们作为局外人往往比局内人更能看清状况。但即便干涉了，最后也会发现自己的建议往往于事无补。当事人必须亲身体验的经历和必须由本人作出的决定不会因为我们的建议而被取消，只是被推迟而已。这可能会让这些稍后到来的经历和决定更为艰难，而且往往撞上不恰当的时候。

当然我们可以向信任的人征询意见，辅助自己作决定。为了避免上面所说的风险，让我们的建议仅仅起到帮助作用，而不是左右别人的决定，这就要求有高超的交谈技巧。如果别人问："我该怎么做？我应该接受这份工作，为此放弃这里的一切去另一个城市从头开始么？"我们该如何作答呢？说应该或者不应该恐怕都是错误的，而且肯定不是别人期待的答案。要帮助别人作出决策，我们要仔细斟酌，提出一些问题，这样才能协助他们理清思路，更好地为自己作决定。比如"你为什么想放弃现在的工作？""新工作有哪些特别吸引你或者值得你去争取的地方？""你得在这里放弃什么，你将在那里获得什么？""你自己的感觉是什么？""你自己的直觉怎么说？""你如何权衡这些因素？""你害怕么？""你害怕些什么？"这些问题必须由请求帮助的人自己来回答。之后我们根据他们给出的答案再进一步提出问题。这样的交谈需要耐心、掌握分寸以及设身处地地换位思考。

人际关系不局限于家庭、朋友和同事之间。了解和承认宇宙万物联系的人就会明白，所有人都有自我发展的权利。某个地区或者某个民族的发展是当中所有人发展的总和，每个人的发展都在其中发挥着作用。只有在这个群体中自发形成的东西，才能被理解、接受和融入生活。没有人有权去干涉他国事务，没有人可以担任国际警察的角色。如果一意孤行，只会让很多人付出生命的代价。如今在国际上已经上演了一些这样的惨剧。

干涉他人是干扰神和生命原理的工作。干扰其他人的学习过程当然也是干扰神的工作。神对每个灵魂的能力一清二楚，知道在哪个时间应安排哪种学习。而不假思索地说出自己的意见和给出建议的人恐怕根本不会考虑到这个层面。

这样的做法会对擅自给出意见的人造成什么影响呢？大多情况下，他们的人际关系会受到影响，矛盾常常由此产生。这种矛盾常见于父母和青春期的儿女之间。青少年一般都很反感别人提出建议。另一种情况是，有些人就是愿意让别人影响自己，他们很快就会发现，其实如果当初自己作决定的话，情况反倒会更好。

全日制学校对所有人都提出了要求。要作决定的人应当更加信任神；给出建议的人应当认识到，只有神才知道引导灵魂的最佳途径。

中立原理

这个概念通常和矛盾冲突一同出现。经验告诉我们，当两人或者两方起争端时，我们最好保持中立，否则我们自己可能会被卷入争执。从这个角度看，它和不干涉原理似乎雷同。但中立不仅仅是指在矛盾冲突中保持克制。

中立的意思并不是什么也不听，什么也不看，什么也不知道。

恰恰相反，中立是在特定的情境下有效地组织起自己的想法。为此需要：

尽量掌握全面有效的信息，

放弃偏见，

不要掺杂个人情感，

不要靠一己之力，而是和各方一同找寻解决矛盾的方法，

中立的人不应该去评判是非，而应起到稳定的作用。

中立的人是一根中流砥柱。他从不偏向某人或者某方，所以能够赢得大家的信任。在人际交往中，中立可以避免挑起争端，避免盲目的评价或者裁定。保持中立态度首先要做的是掌握翔实的信息，也就是先问再答，之后再行动。

中立是一种可贵的态度。它帮助我们和平解决问题，保证学习过程不受干扰，因为它能够避免对别人横加影响。中立是一种积极的态度，是灵魂中一项可贵的品质。

自主原理

为什么这条原理会出现在人际关系的章节中呢？我们设想一下，一个总是根据别人的期待、遵从别人的要求活着的人如何与人相处呢？缺乏主见的人容易被人操纵。他缺乏真正去实现自己价值的意愿。

如何和这种人交谈呢？有人曾说过："有意义的交谈如同一

根绷紧的橡皮筋。但如果有一方一直不用力会是什么样呢？"和没有主见的人交流的确不是让人开心的事。

缺乏主见的交流或者行为往往让人费解和无所适从。一方面，这些人很少有自己的观点；另一方面，他们又不甘心，还是想让别人觉得自己很有主见。所以他们会模仿所见所闻，把别人的所思所想拿为己用。

每个人的目标应当是让自己成为命运的掌舵手。保持客观，反思自己的所作、所为、所想是否符合生命原理，这样的人才能亲手创造自己的幸福。

"一起被逮捕，一起被吊死"

在产生这句德语谚语的年代，可能大家都不愿意浪费时间，啰啰唆唆去询问犯罪事实，而是索性把一伙嫌犯都处死。

我们要说的当然不是这个意思。这句话告诉我们：要注意自己所处的集体，这点十分重要。其实人类早就意识到这点，所以有"近朱者赤，近墨者黑"这句话。它也是提醒我们考虑应当和哪些人打交道。歌德曾说过："告诉我你身边的人是谁，之后我告诉你你是谁。""物以类聚，人以群分"说的也是同样的道理。当人们容易地走到一起时，往往有正负两方面的影响。

和他人的每次交往都会对我们有所影响，这是不可避免的。如果影响是负面消极的，它将阻碍我们的发展。我们可以对自己说："如果我们无法继续发展，就应该跳出这个圈子。"

青少年特别容易犯这种错误，容易加入不利于自身发展的团体。原因有很多，其中，精力过于旺盛、对归属感的渴望、他人胁迫或者缺少经验是最常见的原因。这样青少年很容易陷入一个既不是他们所追求也不是他们能预见的境地。但他们却要为自己的行为负责，不管他们是真的干了些坏事，还是只是跟着凑热闹。所以择友时挑剔未必不好。无论我们是什么年岁，都可以挑选自己的朋友。我们必须有勇气决定，哪些人值得交往，哪些事情值得参与。

但有时即使周围都是品行高尚的人，有些人还是无法发展，这也是这条原理在发挥作用。原因在于某些具有阻碍性的性格特征使得所有人都被"困"在这个环境中，都深受其害。他们被"吊在"矛盾冲突不断的同一根绳子上。父母和处于青春期的子女常常陷入这类困局。父母舍不得对孩子放手，而小孩总觉得反正有人照顾着自己，长此以往，就形成了依赖，不会自己作决定，也无法积累自身发展所需的经验。父母应该重新审视自己的行为动机，弄清楚自己这么做是否有利于孩子成长。神会借助生命原理，不断为这样的父母和子女营造相应的情境，直到他们纠正了自己的观点和行为。

如果子女成年后还和父母同住，这条原理会更频繁地发挥作用。"五星妈妈酒店"将变成一个牢笼，所有人都被囚禁在里面，与外界隔绝。家中矛盾层出不穷，甚至有人会由此患上忧郁症。如果一家三代同住，也会对孙子孙女有负面影响。在很多案例中，孩子的父母来我的诊所咨询，因为他们的小孩在学校无法集中注意力，表现很差。当年轻父母搬进自己的住所，不再和孩子的祖父母同住后，小孩的问题才迎刃而解。

如果成年子女长时间和父母同住，还容易患病。一名年轻男子就有这样的经历。他35岁了还同母亲住在一起。他患有胃疼和胃炎，而且久治不愈。他的一位同事熟知生命原理，当时就建议他从母亲家里搬出来。他听从了同事的建议，搬到了另一座城市，同时也不再像以前那样依赖母亲。他的病痛自此逐渐减轻，在一年半后居然痊愈了，神奇的是，在此期间他根本没有做什么治疗。

只要我们努力，就可以从这样的困境中走出来。有位男子曾向我讲述他的亲身经历："我和几个熟人一起投资开了一家小公司。我离开这家公司后，剩下的人干起了走私的勾当。他们让外国工厂代加工商品，然后把这些免税的商品运入德国。我回公司看望以前的同事时得知了这一切。开始他们还企图隐瞒，但后来还是向我全盘托出了。我跟他们讲了因果原理，告诉他们任何事情都有它的后果。M很认真地听我说完，但还是将信将疑。另外几个人根本听不进我说的话。差不多两周以后，M给我打电话说公司被盗。所有的机器、电脑、货物甚至确认订单都不见了，现在他们根本不知道什么时候向谁发什么货。M说他觉得很可怕，因为我事先提醒过，他们的行为可能会有严重的后果。后来保险公司对他们进行了理赔。公司自觉毫发无损，还是继续从事走私。很快公司又被盗，包括订单在内的所有东西又被洗劫一空。这次保险公司拒绝赔付，M也离开了公司。之后公司又维系了很长一段时间，但最终仍不得不关门大吉。剩下的几个人几乎赔上了所有家当，还欠了一屁股的债。M还算及时脱身了。"

还有另外一条原理可帮助我们摆脱牢笼般的困境，这就是：对我而言正确的，对他人也同样是正确的。也就是说，对自己而言正确的决定不会给他人带来损害。当然这里所说的决定不是随心所欲作出的。这条原理在下列情况中成立：

> 坦诚的、经过深思熟虑的决定，
>
> 有充足的理由不得不收回已同意或拒绝的事，
>
> 外部条件发生了改变，
>
> 生命原理发出相应信号，提示重新考虑或者改变
>
> 业已作出的决定。

这条原理要求我们坦诚和具备勇气，毕竟有时候因为心中有所顾忌，我们宁愿回避事实。但其实这样的做法违背了我们的认知，而且是不诚实的、胆怯的。

德国剧作家黑贝尔（1813—1863）曾说过："有时改变自己的想法比坚持自己的想法更需要勇气。"但谁又愿意被视作是不坚定和反复无常的人呢？此时这条原理可帮助我们，因为它经受过实践的检验。事后，几乎所有人最终都会庆幸自己改变了想法。有些人还自问，自己是否也本应该鼓起勇气，根据新的认识改变原有的计划。

我们可以在日常生活中检验这条原理，学会信任它。下面有个例子：三个人准备一同去另一个城市参加一个活动，并参加随后在晚上举办的招待会。因为距离比较远，当天夜里回来时间太紧，所以决定在酒店过夜。其中有个人一想到那天晚上的招待会就有种不好的感觉，但他又不想让其他两人扫兴。直到他后来甚至都有恶心的症状，以为自己生病了，才和另外两

人说觉得参加晚上的招待会恐怕是个错误的决定。后来才发现，原来不参加招待会，当天早点赶回来，对其他两人来说也是求之不得的。其中有个人本应当天夜里值班，如果参加招待会，他就得和别人调班，这很麻烦。而另一个人也很高兴能省下一笔钱。他们随即取消了酒店的预定。因为通知及时，他们也不需要向酒店付违约金和手续费。后来他们旁听了白天的讲座，度过了很有意义的一天。

这条原理作用于我们的行动和决定。如果对自己而言，这样做是正确的，那么也只会给别人带来益处。它的根据是什么？对自己有促进作用的就是正确的。自身提高了，就成为一段关系或者某个情境当中的榜样，这只会帮助其他人，尤其是带领周围的人向善向好。镜像原理和我们这里所说的原理共同作用。

独善即助人

自己的爱人、孩子和父母能实现灵魂上的进步，这是很多人最渴望的。他们自己已经迈上了一条崭新的道路，感受着周围积极的影响。他们继续努力发展自己，发现现在的生活更加丰富多彩。他们生活幸福，身体健康。他们在生命原理的帮助下避免或者克服了某种疾病。他们理所当然地希望自己所爱的人也能享受这样的幸福。但很多人会发现，劝说起不到任何作用。原因是没人知道其他人当下正处于什么学习阶段，所以也无法给出正确的提示。唯一的途径就是不断改善自身，一步一步改进，成为别人的榜样，起到带动作用。这样身体力行的示范能给人留下最深刻的印象，这让别人愿意主动改变自己。很多来听我讲座的人都曾说过，他们回去后发现爱人和孩子身上发生了积极的变化。

但是我们也得注意有这样一类人存在，他们不愿改善自我。这时即便是最好的榜样也形同虚设。最好的方法是，把引导的任务交给神，而我们继续走自己的路。

批评是回旋镖

在和别人相处的过程中，了解和注意这条原理十分关键。因为在生活的各个方面我们都要和人打交道，这条原理无时无刻、无所不在地发挥着作用。很多人憋不住对他人的批评，有时甚至没有意识到自己是在批评别人。他们已经习惯了长久以来的这种行为模式，但反过来遭到别人批评时，他们又觉得很难接受。批评不一定来自于刚才被批评的那个人，也有可能来自于其他情境中的其他人，这时就很难看出其中的联系。所以遇事不要先生气，而是应该好好想想，这个情境反映了什么。

批评不一定要通过言语表达出来，它的形式多种多样。一个眼神、一种姿势或者一个举动都可能是对别人的批评和伤害，这种无声的批评和落到言语上的批评一样可能造成严重后果。

批评具有破坏性，因为它往往涉及他人的人品，很多交情都毁于这一点。批评也会阻碍自身的进步，因为批评别人的时候，往往看不到镜像效果或者会找替罪羊来推卸自己的责任。我们要做的不是批评，而是思考自己的举动可能引发的后果以及我们应该怎么用中立、恳切的方式表达观点。而是否就某件事发表观点，也值得我们考虑一番。

曾有一对夫妻来我的诊所。两人都饱受病痛折磨。妻子经常脖子疼，还患有支气管炎，丈夫患有鼻窦炎。他们都觉得是对方传染了自己。他们还常常吵架，逮住机会就批评对方，有时甚至似乎是在伺机等待，对方做错什么事情，自己就抓到把柄。这种情况愈演愈烈，最后他们甚至打算离婚。好在后来两人不再相互指责，他们身体的疼痛也逐渐消失了。两人不再发生口角，又和好如初了。

子女教育原理

对子女的教育是一项美好但又承载着责任的任务，生命原理在其中也发挥着至关重要的作用。基于生命原理的教育让子女一生都受益匪浅。从我们的朋友和熟人圈子中来看，从小就接受生命原理教育的小孩成长得特别好。大多数在上幼儿园和小学时很少甚至没有碰到困难。父母和子女的关系也十分融洽。

所有的原理对教育都成立，但最主要的是因果原理。小孩子学习能力很强，他们很快就意识到自己的行为会导致某种后果，而且会充分利用这点来争取自己想要的。但他们也会很快明白，自己的举动也可能换来他们本不想要的东西。

镜像原理在这里也有特殊作用。教育不是单向进行的，子女会模仿父母的行为，从而也会折射出父母的优缺点。这对生命原理来说也是绝佳的机会，它可以借此指出人们的弱点，因为通过子女这种特殊的方式传达镜像，会让父母印象尤为深刻，可以说是通过孩子来教育父母。有时孩子的行为简直让家长抓狂。警告、发怒甚至惩罚都无济于事。当孩子模仿大人时，他们压根分不清自己的行为是对是错。所以在被警告和受到惩罚时，小孩往往也是一头雾水，感到万分委屈。当家长意识到小孩的行为其实是自己的镜像，从中发现自己的弱点并努力改正，小孩的行为也会随之改变。

镜像效应在小孩学前时期特别常见，它同小孩自身的学习过程同步进行。要弄清这到底是怎么回事，家长要时常问问自己，孩子的行为是否和自己的行为有关。运用合理的教育措施却始终达不到效果，这就是镜像情境发挥作用的一个特征。

我们会发现一个有趣的现象，孩子在不同的人面前会有不同的举动。镜像原理一直在发挥作用，所以不仅仅是家长，其他人也可以利用这个机会认识自己。如果教育者对这点善加利用，将获益匪浅。当然大人们的积极行为方式也会在孩子身上折射出来。

榜样原理

榜样原理在教育中是最为有效的工具。教育小孩的最好方式，就是以身作则，给他们树立榜样，这样才更有说服力，所有其他的说教方式都相形见绌。如果自己做不到，也不应该要求或者期待孩子能做到。所谓"己所不欲，勿施于人"。如果自己都不愿去做，却偏偏强求子女来实现，这是强人所难。即便一切都是心照不宣地秘密进行的，也会产生影响，因为小孩对这些事情有很敏锐的直觉。成人之间的交往也是如此，"只许州官放火，不许百姓点灯"可行不通。

一直保持榜样的形象的确并非易事，但我们至少应该往这个方向努力。很多人可能不知道，其实大人如果犯错，小孩完全能予以理解。大人们应该做的是大大方方地承认自己的错误，而不是把自己塑造成一个完人。这样才是一个坦诚的、勇敢的榜样。

一位营养咨询师的小儿子有饮食障碍，因为她对自己的儿子来说并不是一个好榜样。尽管她的职业是向病人推荐合理膳食，但她自己却很挑食。她发现自己的儿子吃得越来越少，后来甚至几乎完全不进食，尤其不吃这位身为营养师的母亲建议病人不要吃的食物。榜样原理和镜像原理在这里共同作用。

一人做事一人当

这条原理在教育中也起着重要作用，但不能把它和惩罚甚至苛责相混淆。它意味着用亲切的方式让孩子知道自己的行为造成的后果，并让他们自己承担后果，不管这个后果是积极的还是消极的。

这能增强孩子的安全感。他们必须知道哪些事情是自己能够去做的，哪些是不能的。否则他们就无法对自己的行为方式和想法有准确的判断和把握，行动时举棋不定，还可能由此产生不安全感和孤独感。让孩子承担自己行为的后果，对于培养孩子所需要的安全感非常重要，此外这也可以让孩子更加自信。

服从原理

我们已经在本书前面的内容中提到这条原理。从小就唤起孩子的服从意识十分重要。但前提是让他们了解，为什么在某些情况下必须服从。他们必须确信这样做对自己是最好的。要求小孩无条件服从和盲目顺从不会赢得他们的理解和赞同，而只会招致反抗。像"不要问，照我说的做"这样的命令不会教会孩子服从。有时向孩子们解释他们在某些情况下必须服从得费九牛二虎之力；但一旦他们理解被要求服从不是因为大人们一时心情不好，而是真的有利于自己，他们之后也会慢慢地遵守规定。

"服从是一切智慧的开始；想要掌控他人，必须先学会服从。"黑格尔（1770—1831）曾这样说。意思是每个人都要学会掌控自己，否则就只是行尸走肉，沦为他人的工具。但顺从神谕，即顺从原理，对我们却有百利而无一害。

纪律原理

纪律非得遵守么？为什么在现代教育中还要谈具有军事化管理特色的纪律呢？要想获得安全感，必须得自律。老师尤其要做到自律，否则他们就无法圆满完成自己的工作。孩子只能从自律的成年人身上学会自律。榜样原理和纪律原理相互合作。

有句话叫"纪律是赠与别人的爱"，只有很少人能认识到纪律是充满爱意的。或许大家还没有意识到，日常生活中让别人感觉舒服的很多小细节都基于纪律。想想生活中的一些情景：每个家庭成员都有各自的分工和责任。如果有人总是忘记自己该干的活，那么就得由其他人去替他完成，这很容易破坏家庭的和睦。如果有人总是乱扔东西，也会制造不快。参加集体活动时经常迟到，也会弄糟别人的心情。这些都是缺乏纪律的表现。在职场中也是如此，缺乏纪律的行为不会让你成为别人眼中的好员工和好同事。

如果有人在公共场合不守纪律，也会引起我们的反感。想想站台、公交车站、街道或者广场上的那些香烟头、废纸、口香糖和残羹剩饭，这些都是缺乏纪律和懒惰的表现，而且还体现出这些人对他人的漠视。反过来，纪律代表勤奋和关怀他人。

言语的力量

在教育中，有一条沟通方面的原理有着特殊的作用，这就是言语的力量。家长和教师们尤其要注意这点。

对孩子的评价会影响他们对自己的看法。言语能起到鼓励的作用，也能起到打击甚至毁灭性的作用。孩子们相信大人对他们所说的话。他们别无选择，因为他们的自我认识还在形成过程中，他们缺乏经验，也无从判断比较。我们对孩子所说的话或者和他们交谈的内容，往往有深刻而又长远的影响。孩子如果听到"你永远不会有出息"这样的话，他怎么能正确评价自己？一些打击性的话语可能导致孩子患上自卑症。而言过其实的夸奖会导致孩子狂妄自大。只有经仔细斟酌的亲切话语才能让孩子正确看待自己。

此外，言语是最重要的沟通手段，所以也是表达相互尊重的最佳媒介。因此，我们尤其需要注意在教育过程中对于言语的运用。

工作原理

从事一份有意义的工作将为灵魂的发展奠定基础。工作给人带来尊严，所以失业的后果不仅是生活拮据，还会触及自我评价这根敏感的神经。长期失业往往会导致失望、沮丧和抑郁。如果就业形势紧张，因为各种原因导致就业机会锐减，会让很多人深受其害。

生命原理可以帮助我们避免失业，或者引导我们失业后很快找到工作么？我们也碰到过一些情况，有些人似乎陷入了根本不可能找到工作的绝境。他们面临各种不利因素：年龄、冷门专业、工作机会本身就不多的小地方、健康问题等。尽管如此，他们最终还是找到了工作。

一位妇女在她55岁的时候得到了市政府文员的工作，但只是为期一年的编外协助人员。之后，因为有很多人休假和请病假，她又被续约一年，作为这些人的替补。后来有位同事提前退休，因为她已经很熟悉这里的工作内容和流程，所以成为接替这个岗位的不二人选，也由此成为固定的正式员工。她在失业期间做了什么呢？她利用以前的一点积蓄报了培训班，参加讲座，学习了生命原理，并且好好归置了自己的生活，对那些错误或者已经成为负担的东西和事情，她选择了放手。

我们认识很多人，尤其是上了年纪的人，他们不是随便找了份工作，而是找到了满足自己要求的工作。但在重新工作之前，很多人不得不通过某种以疾病为形式的镜像作用认识到自己最严重的弱点，并克服这些弱点。所有人都清楚，要依据生命原理行事，而不是去对抗它。

哪些预防措施可以帮助我们避免失业呢？或许在很多人看来，这个问题本身就无解。如果经济形势疲软，这些预防措施还管什么用？以一己之力又怎么能对抗公司倒闭和岗位锐减呢？

我们所经历的，都是我们自己一手造成的。很多依据生命原理行事的人都有这样的感悟。我们都亲身经历过或者从别人身上发现：如果注意力不集中，经常会有危险临近或者发生不愉快的事情。如果有人爱逞强、好争吵，他就无法获得内心的平静。这样的例子不计其数。真的有针对失业的原理么？答案是肯定的，在这种情况下也有对策。这有点难，但的确存在。

继续发展中的一项长期而重要的目标是失业免疫。可能么？很多人已经做到了。他们一生都不曾失业。或许他们换过几次工作，有几次甚至是从头做起，但他们一直都有工作。他们自己为此做了些什么呢？

我们在严格遵守原理的同时还需要努力做出正确的决定和行动。大家可以测试一下，自己是否已经正确或者至少朝着正确的方向行动。大家可以看看下面列出的内容，问问自己对于每一点的态度。

对工作的基本态度尤为重要（四条原理），所以我们需要注意如下内容：

> 工作和休闲没有区别。这句话的意思是两者同等重要，没有高下之分，我们要快乐地完成两者。
>
> 每个员工都应该把企业当成自己的。
>
> 我们不仅仅为老板干活，也为大家的福祉和神的计划而工作。
>
> 只为钱而工作，这样的态度也是错误的，因为钱不是唯一的酬劳，也不是最重要的酬劳。工作可以提供学习机会和通过各种方式促进我们的发展，尤其是开发智慧和才能，这才是最宝贵的酬劳。在工作中我们有很多机会发展自己的性格特性，哪怕是单调的工作也能让我们有所收获，这就要求我们专心致志。
>
> 曾有一名年轻的工程师来到我的诊所，当时他患有严重的忧郁症。他毕业时就业形势特别好，有很多工作供他选择。他挑了一家薪酬最高的公司。他择业的最主要动机是钱，根本没有考虑他在那里是否能学到很多东西。后来他换了一份工作，在新工作中他经历了很多考验，也磨炼了自己，他的忧郁症不治而愈。

为此还需完善前提条件（四条原理）。重要的是：

> 寻找能为发展提供良好机会的工作岗位，

选择神认为正确的工作，

尽量争取了解和接触他人的工作，因为我们需要镜像效应，

争取保证工作地点有良好的通风和照明。

注重合理利用时间原理也是很关键的因素（六条原理），所以我们需要注意：

在正式上班时间前提前到达工作地点，这样有时间做些准备工作，

聚精会神地工作，

确定工作任务的先后次序，

每天提高工作效率并改进工作方式，不要以别人而是以自己作为进步的参照，

即便是很简单的工作，也要认真愉快地完成，

如果工作已经成为老一套，不再能提供继续发展的机会，应立刻换工作。滞留在不能让自己继续发展的岗位上，无异于浪费时间。

现在说到的要点都和坦诚相关，而在某些情况中，更是尤其需要坦诚。坦诚方面的六条工作原理是：

经上级允许后才可使用公司电话进行私人通话，

不因为个人原因将公司物品带回家，

一旦造成损失，立刻报告，即便这需要很大的勇气，并且表示愿意挽回或者弥补损失，

　　遵守公司的作息安排，不做额外的休息和休假。有位烟民会在工作期间抽出时间去室外抽根烟，相当于进行了额外的休息。她后来做了精确统计，她每天工作八小时，而工作时间共抽六到八根烟，总的算来二百二十个工作日中有十四天用来抽烟。在这总计的十四天中，她获得了报酬但却没有付出劳动，她觉得这样是不诚实的，为此戒了烟。

　　下班前把办公桌收拾干净，

　　如果工作不能充分发挥自己的才能，应当换工作，因为付出和回报不成比例。

　　每个人都可以为营造良好的工作氛围出一份力，为此需要注意合作原理（六条原理），它们是：

　　尊重上级，

　　配合所有同事和上级，

　　礼貌对待所有同事，

　　不批评别人的工作，

　　别人工作做得好，给予赞扬，

　　努力改进自己的措辞和表达方式。

　　另一个要点是和公司团结一致（八条原理），其中包括：

超额完成上级要求,

共同思考,建言献策,积极投入,

不要在企业内外推广消极的工作方法,

原则上不主动要求涨工资(如果公司财政状况允许,并且个人工作成绩突出,自然会涨工资),

即便即将离职,也要认真完成工作,

在雇佣关系终止后,不要泄漏原公司的核心内容或者客户信息等无形资产,

如果自己创业,不要同原来的上级竞争或抢夺客户资源。

在工作之外,也就是业余时间,我们建议注意八条原理:

把工作上的问题留在工作时间,

愉快地计划周末,

注意精神和灵魂的互动沟通,

做些具有积极意义的事情,

不看消极的电视节目,

尽量保持住处通风,避免拥挤嘈杂的大城市,

注重养生,保持健康,

休假时好好休整(德国劳动法中也是这样要求的,推荐能补充能量的休假地点)。

我们还想进一步讲讲涨工资这个话题。每种雇佣关系都是能量交换，是劳动和报酬的交换。如今法定的劳资关系多少有点道理，但不是和生命原理完全相符。

下面我们举的例子就说明如果公司运营良好，个人工作优秀，自然就会涨工资。从我们的经验来说，事实确实是这样的，但我们需要多加注意其他因素。事情是这样的：有名员工觉得一段时间以来工资较低。他认为以自己的工作量应该拿更高的工资才合适，而且公司近况不错，给自己涨工资是很合理的事情。他以为老板疏忽了这点。这名员工并没有意识到，他一直以另一种方式得到了补偿，为此生命原理耗费了大量能量。在很多事情中，他都选择无视生命原理，尽管他其实很了解，甚至自己都说每个人所经历的都是自己一手打造的。但他忘记了学以致用。原理必定会对他的行为作出反应。他做错了什么？他喜爱飙车，寻求刺激。生命原理已经多次以严重事故警告他，但每次都是车子严重损坏，人却安然无恙，而且也没有其他人牵涉其中。对他的这种保护耗去了生命原理大量的能量，而这些能量最终还是要从他自己身上摄取。另外，他还不愿放弃早就应该放弃的东西，他的生活可谓一团糟，甚至连吃饭都十分凑合。他捕捉到了生命原理给予的提示，但是却不愿去实行。所以其实他一直都在"涨工资"，但工资的形式不是金钱而是生命原理的关照。职业和私人生活是无法分开的，因为不管是正在工作还是娱乐休闲，都是发生在同一个人身上。

工作原理具有多样性和复杂性，但大部分的读者已经自觉地遵循了这些行为方式。如今系统地认识生命原理可以让我们更自信。职场将成为我们锻炼的舞台，我们大家应该充分加以利用。

不仅员工应该遵守工作原理，雇主也该如此。提供工作岗位和营建健康的工作环境会给雇主本人带来好处。如果雇主同时做到坦诚和善用时间，公司境况将越来越好。同员工和睦相处也有利于上级开展工作。对员工适用的原理也适用于雇主，不管是工作中还是工作外。

此外，上级要尤其注意榜样原理，他应该成为员工们的楷模。另一个有用的原理叫给别人机会——也就是让别人有机会显示出独立自主的能力。好的领导应该会运筹帷幄。也就是尽管一切尽在掌握中，但是要让员工感觉他们完全是自主地在按照自己的意愿行事。

世间的立法和宇宙的秩序

国家通过立法建立起的秩序体系应当和宇宙的秩序相符合。生命原理构成法律和秩序的基础。这种立法积极地影响并造福着所有国民，因为因果原理的工作可谓严丝合缝。宇宙原理对经济、财政和政治有同样的影响力，并且作用于所有领域。所以最好先回答这个问题：需要优先实现哪些生命原理？

坦诚原理和秩序原理是符合宇宙秩序要求的立法的先决条件。

和在个人生活中一样，创造继续发展的机会是立法的最高准则。国民和国家构成一个整体，在各个领域共同繁荣和共同发展。所以我们要鼓励创新、创造和研究。

能量原理在财政领域的作用尤为明显。"金钱＝时间＝能量"是每个人都懂得的原理，每个人都有义务支持国家维持稳定的财政体系和收支平衡。正确的支持方式就是坦诚、有积极的生活观和合理利用时间。

如何规范公民、法律和规定之间的关系呢？这里要实现人人有责。对每位公民来说，这既是义务也是责任。只有国家把责任交给公民，公民愿意承担这份责任，这个三角关系才牢不可破。

国家的立法是国民的镜像，只有为公民接受，才能发挥效用。很多人不想涉及政治，自喻为政治绝缘体。但其实没有人能够摆脱政治，因为它的影响波及所有人。这里面也包含责任。此外，"思想就是力量"原理也在发挥作用，体现在政治上就是：

我们的想法影响政治。每个人思考所散发出的能量会共同累加并对国家政策产生影响。即便我们不关心政治，哪怕是袖手旁观，坐视事情发生，我们也在施加影响。

每位公民都有知情权。只有这样国家才能作出正确的决定并施加积极的影响。

除了上述一般性的介绍，还有很多其他生命原理作用于政治、经济和财政等领域，但这已经超出了本书的范围，所以不再一一赘述。

第四部分　播下种子，等待收获

没有哪本书能讲述完所有的生命原理，这样的书也不可能存在。因为生命原理是如此之多，而且它的数量还在不断增大，内容还在持续丰富，正如世界的发展。

尽管已经讲述了很多原理，但其实还有很多问题尚未解决，我们也不想向读者们隐瞒这点。所以下面我们进入《完美世界》这一章节。

完美世界

　　我们就生命原理讲了不少内容，或许有些人会觉得它不切实际。因为根据生命原理安排的生活是如此平和、有趣、充满爱和安全感，但我们的现实世界却是另一番景象。

　　既然事实情况是这样，根据生命原理行事还有意义吗？就此有两种截然相反的观点。有人说疾病和痛苦是人生不可分割的一部分，有人则认为健康、幸福和满足是可以实现的。我们赞同第二种观点。对于那些地球或者世界即将毁灭的预言，我们不敢苟同。美好、和平的时代是存在的，也有很多人曾做过这样的预言。或许我们已经在朝着这个方向前进了，而且已经出现了很多先兆。比如现在有越来越多的人参悟生命原理。

　　那么问题出在哪里呢？问题要归咎于人类本身，而不是生命原理。原理是一个完美的体系。通往美好、和平时代的途径就是利用和贯彻生命原理，每个人都应该以此为己任。如果每个人都变得积极向上，整体数量不断累计，就会由量变转为质变，实现整体的提升和发展。如果整个家庭、区县、省市直至整个民族都朝着有价值的、更高的目标努力，就会达到这种状态。积极向上的人越多，整个民族的灵魂就提升得越快，整个人类的发展也会加快。

经常有人问我们，恶从何而生？恶是对生命原理的违背和触犯。如果把原理称为"神谕"，或许对有些人来说更加容易理解。原理本身是没有善恶的，它只是一种客观存在，根据自己的功能运行。

创世当然也没有善恶之分。神没有把恶带到这个世界上来。为什么他要带来恶呢？难道用来威胁或者惩罚人类，而不是让他们在生活这所学校中学习锻炼么？想想吧，神是大爱。

恶是由人类自己创造的。随之而来的一个问题是，恶是从何开始的？所有灵魂在开始时都有相同的发展机会。从一开始，贪图享受或者懒惰就成为很多灵魂发展的绊脚石。以牺牲别人为代价来成全自己的幸福，或者干脆对别人的成果实行拿来主义，这样当然比自己努力简单很多。回顾历史，犯罪和战争似乎始于亘古。很早以前人类就知道为自己找替罪羊或者似是而非的借口。开始是说恶灵误导他们，后来又发明了魔鬼。他们通过这种方式推卸责任，把自己塑造成受威胁的、值得同情的形象。在有些国家，人们甚至被灌输这样的思想：为某种特定的动机而作恶，会在死后得到奖赏。

鉴于这些事实，实现世界和平似乎希望渺茫。但我们每个人都可以用自己的勤奋来对抗可能导致毁灭的懒惰。有条生命原理是：和平在于你自己。我们每个人可以在自己身上找到世界和平的要义。我们实现自身的秩序，和生命原理协调一致。作家伊琳·卡迪建议："不要浪费时间去过问世界上的混乱纷杂，而是立刻着手打理自己内心的东西。周围的混乱纷杂在自己的生活中就会转变成和平、愉悦和平静，而自己将成为所处的社会和世界中有用的一员。"

同宇宙万物沟通

和宇宙联系，同宇宙沟通——我们常这么说。听起来，要和我们知之甚少、不可名状的巨物联系似乎很难。但如果我们把宇宙理解为一个包容一切的整体，神、生命原理、人类、所有生物以及世界都在其中，我们可能就能明白对话伙伴是谁了。

我们已经在有关直觉、全日制学校和生命原理的语言等内容中提到如何同神以及生命原理联系。有意思的是，他们通过不同的方式走近我们。神给予我们灵感和感觉，生命原理通过事情结果或者自身直接发挥作用来引导我们和神保持和谐。他们对我们的行为作出反应，但是我们不能改变他们的作用方式。他们可不会顾及周围的情况，甚至让人觉得不近人情。玻璃杯掉到地上，自由落体原理发挥作用，无论玻璃杯昂贵还是便宜，都不能摆脱这一原理。如果像本书前面的内容所说，神在某种特定情境下让原理暂时失效，我们称之为奇迹。

我们如何主动同神以及生命原理沟通呢？这个我们也讲过了。我们向神说话时，应当把他当作一位父亲，然后通过直觉感知他的回答。

吸引力原理

　　吸引力原理规范了人与原理之间的互通，也可以称之为"心想事成原理"。它的效用的理论基础是灵魂发散出的能量会吸引相同频率的能量。这条原理归类于能量原理。因为它同思想就是力量以及言语就是力量等原理共同作用，所以蕴含着巨大的能量。

　　但我们只有在满足了某些特定条件后，才能利用该原理。只有全心全意地相信自己的愿望，愿望才能成真。我们不能心存一丝怀疑。比如，有人希望能得到一笔钱，他确信自己是真心相信会在某个时间得到这笔钱，但他同时又担心接下来一段时间自己的订单会减少。这样的想法阻断了他的愿望，也阻碍了愿望的实现。许愿者不知道自己希望得到的这笔钱将会在哪里以哪种形式出现。他可能会在路上捡到，可能会得到一笔馈赠或者会得到更多订单。

　　许愿的人还犯了一个错误，他不相信这些钱是他的。如果他明白了这一点，他也许已经认为自己的愿望得到了满足，感到很高兴而且心存感激。内心隐藏的"我什么时候能得到"或者"它肯定会来的，我自己得相信"等想法都暗含怀疑。

　　另外，生命原理不区分过去、现在和将来，它在现在发挥作用。吸引力原理也是如此。那为什么我不能立刻就张开手，等着钱掉下来呢？把愿望具体化或者物质化，即把所期望的事物摆到许愿者面前是需要时间的。如果在等待期间开始心生怀疑，愿望就会落空。

生命原理也不能识别否定，所以愿望的措辞十分关键。愿望中必须包含我所希望的事物。比如"我希望我一路平安"，不要说"我希望不要有事故"，因为原理只会对"一路平安"或者"事故"作出反应。像"无事故出行"也包含否定。

原理也分不清玩笑和认真。开玩笑时所说的话也常常能应验。有句俗语"祸从口出"就提醒我们不要犯这样的错误。

正确使用吸引力原理能够令我们拥有一切和实现一切。很多人用这种方式拥有了大笔财富，碰到了白马王子或者找到了理想的职业。

听起来好像我们不需要为继续发展做什么了，但这是一个误读，事实正相反。德国导演皮埃尔·弗朗克说："许愿的原理是自己也有所作为。不能就揣着两手，无所事事，等着别人来帮你实现。"

从经验说来，重要的是在许愿时加上一句"如果这对我来说正确的话"。否则可能尽管愿望满足了，但这其实是有碍我们发展的。

心想事成之后呢？我们可以设想一下，如果有人把很贵重的东西赠与别人，他肯定很希望受赠人能细心呵护这件礼物，利用它做些有益的事情，承担起保护这件礼物的责任。为此他必须遵守能量流原理。愿望的满足是需要能量的，他自己要为此投入能量。他必须做一个聪明的"能量管理者"，并相应地思考和行动。

生命原理与科学

"但是科学告诉我们……"，或许所有写过精神或者哲学方面的议题的作者对这句话都不陌生。因为如果有人不赞同从文章中读到的内容，就会向作者提出这样的问题。这取决于每个人如何对待和处理知识，我们不想妄加评论。

科学在人类发展史上有自己的位置，甚至是不可或缺的地位。科学知识到底有多重要，很多作者对此看法不一。作家马克斯·乌雷写道："因为和金钱挂钩以及受利益驱动，目前不存在自由独立的科学。这点暂且不论，但科学并不能提出最终的事实证明。所有的科学都只是对事实的无限接近，而且还是建立在一系列假设和前提的基础上。我们如今称之为真理的，只是一些想法的集合。科学史就是在错误和纠正中循环往复的。几百年前，牛顿的机械原理还被奉为终极真理，如今量子理论又甚嚣尘上。请问明天成立的理论会是什么？"

作者所说一针见血。每个错误都是接近真相之路上的一个阶段。每个"知识"中都孕育着新问题的萌芽。人们不断追求更多的知识，这源于人本身的需求，人们要找到和捍卫自己在宇宙万物中的位置。集体意识的扩展是一个持续不断的过程，这就同每个人一步一步扩展自己的意识一样。

当某位伟人在直觉的指引下做出重大发现，科学才会在发展之路上往前迈一步。比如伽利略、牛顿、莱布尼茨、特斯拉、爱迪生、爱因斯坦、普朗克以及其他人，这些伟人身上都有勤奋、毅力、耐心和恭顺这些性格特性。上面的例子证明，基于直觉的科学能够得出正确的结论。基于物质主义的科学，必定得出错误的结论。"真理是无法被发现或者确认的，而是通过直觉感知到的，而且不管这些真理是否和现存的真理相互抵触。"马克思·乌韦写道。换句话说，我们能够依靠自己的直觉感受到真理，并本着发展的意愿对真理加以利用。

生命原理一直是直接的、简单的和真实的，它不绕弯。所以真理是简单的。只有错误和虚假才是复杂的，我们每个人都可以从日常生活中感受到这点。

我们不主张刻板地信仰科学。我们尤其想提醒把科学作为信条来指导自己行为的这种做法——这样就太容易被操纵了，我们要做到独立和自我掌控。

心中有爱

所有人都应该努力做到心中有爱，这是解决所有问题的关键。很多人曾预言的和平美好的时代可以更快到来，前提是我们用正确的方式爱他人。相互尊重、心怀感激、努力发展和随时听候神和生命原理的指引，这些都是爱的体现。爱也包括对动植物、对大自然，以及对我们周围所有事物的赞叹和欣赏。

在我们应该爱的人当中，首先应该爱的是我们自己，我们作为灵魂也是创世中的一部分。我们应该爱自己，即便我们身上有缺点和不足。有两点能帮我们做到：坦诚的发展意愿和我们是神的儿女这一事实。爱自己的人，才会散发出爱，才能收获别人的爱。

博爱是遵从神的意愿。对于教徒来说，这是不言而喻的要求。我们理解的"宗教"是人类寻求精神归属的原始需求。我们这里指的并不是皈依某种特定的信仰，因为神是凌驾于所有宗教之上的。我们有时无法把生命原理的严苛和后果看成是对自己的帮助，那么我们还应该爱生命原理吗？我们能做到吗？产生这样的怀疑时，我们要想到在很多方面生命原理都值得我们感激，这样我们就能积极地面对它。

感恩是点燃爱的火种。感恩原理是真正的奇迹。它可以让我们改变想法和态度，让我们做到心中有爱。

感激可提升我们的才智和认识，这是对我们的奖励。这些聪明才智将成为我们的一部分，因为我们注意到并心怀感激地接受了生命原理的帮助。

感恩是克服固执的特效药。我们为在全日制学校中碰到的一切而心存感激，即便这些事情并不总是称心如意，但正是因为这样，原理的效果才会充分发挥出来。这是打开故步自封的第一步，之后我们会放开阻碍发展的一切。通过这种方式我们将逐步克服固执。

感激生活中所有的情境，这代表肯定神和生命原理的智慧和关怀。他们为我们耗费了大量能量，感恩可以向他们归还部分能量。这是充满爱意的举动。由此产生的能量流将给我们的生活带来更多爱。

我们感激的东西越来越多，因为我们吸引着我们感激的对象。这不是说如果骨折的人为此而感激，就会遭遇更多次骨折。我们感谢的是全日制学校，我们获得了知识和发展中的进步。当事人避免了以后再发生类似事故，因为通过感谢这次教训和探寻原因，他已经知道了该如何改善自己的行为。此外，他还能收获更多的帮助。

在生命原理中，感恩原理处于核心地位。我们要一直遵循它的指引。让我们心怀感激地开始每一天。早上起床后稍作停留，感谢夜间身体的更新，感谢爱人，感谢开始的一天，或者感谢心系的人和事。你会感到很充实。

我们也感谢神和生命原理在我们的著书过程中予以的灵感和帮助。我们还感谢向我们描述自身经历的朋友，感谢出版社的编辑们以及团队的认真工作。我们就这样送这本书走上自己的旅程。

作者后记

回首过往，从记事起生命原理就在我的生活中扮演着重要的角色。我还很小的时候就意识到，某些事情是在向我诉说什么。我认识到其中有规律性，但那会儿我还不知道，这些是生命原理给我的提示，是某种"语言"。尽管很多人认为这些"先兆"是偶然或者迷信，但我却从内心深处相信这些是对我有用的提示。

尽管如此，有时候要相信一些来自内心的警示还是很困难，因为那时还不知道自己的观察是在遵循生命原理。那时候根本没有人知道生命原理。就这样，后来我也没有把婚礼前的一些重要提示放在心上。生病、牙疼和婚礼当天两颊肿起都没有阻止我步入婚礼礼堂。结婚当天，我们还因为停错车而收到罚单，后来在酒店预订的房间还被别人抢了先。经过十三年称不上幸福的共同生活，我的婚姻走到了尽头。

经过多年的学习，我不得不承认我学习的所有理论都不能帮助人类前进。内心有个声音引导我参加了一个研究小组，在那里我深入研究了这本书中所讲的原理。我很高兴地发现这些原理值得信赖，遵照这些原理会给我们带来快乐、和谐以及健康。

只要我们努力把生命原理看作自己的朋友，相信它，照它说的做，就不会有巨大的不幸降临到我们头上。我们也应该在全日制学校中好好学习，把干扰看作是对我们的锻炼和帮助。

把生命原理融入生活，会增加我们的安全感。生命原理一直陪伴在我们左右，担当我们的领路人，这是神给予我们的最宝贵的礼物。

埃尔弗丽达·米勒-凯因茨博士

2008年5月

回顾童年的点点滴滴，我觉得它是一所学校，教会了我如何同生命原理相处。为此我特别感谢父亲。他教我仔细观察，告诉我不要害怕，让我追寻事情和现状的起因。那时我还不知道自己在运用因果原理。

　　长大后，我用"有的放矢"这句话来安排自己的生活。我的理解是，每每都要仔细考虑，我怎么做才能得到最佳结果。

　　在多年的执教生涯中，我把这些经验传授给了学生们，那会儿也未曾有意识地说到生命原理。

　　大概十二年前我退休时，我和位于施塔恩贝格的健康与性格塑造研究院取得了联系。在这里，我才知道我一直以来身体力行的是生命原理。此后，我继续在原理的帮助下拓展自己的知识并改善自身的行为。

　　我把自己所经历的种种当作礼物。我想把自己感受到的快乐和内心的安全感传递给他人，作为对神和生命原理的答谢。

黑德维希·哈耶都

2008年5月

附

生命原理应用实例

下面都是别人向我们讲述的经历，他们学习过生命原理，而且已经有读懂原理提示的经验。

"我在写一封信，圆珠笔突然写不出字了。蜡干掉了么？这不可能啊，笔几乎是全新的。我立刻就想到这是不是想告诉我什么。我回头看了看所写的内容，文字干巴巴的，而且里面都是刻薄的批评，对收信人毫无用处，也就是说毫无帮助。圆珠笔当然没有必要帮助我做这件事。"

"我儿子七岁的时候，为防止龋齿，要给恒牙咬合面做涂层。我尽量让他的膳食营养全面，吃无糖食品，也不会给他糖果吃。但是我不能确定他是否在学校或生日派对上吃了其他小朋友给的糖果。尽管我对牙齿

175

涂层的事情心存怀疑，我最后还是带儿子去了诊所，因为所有的家长都给小孩牙齿做涂层。但我内心有个声音对我说不。

涂层保留的时间并不长。我们换了位医生，给小孩重新做牙齿涂层。但这次涂层也没有保留很长时间。最后，我们找到了一位资深的牙科全科大夫。他解释说不应该给刚长出的牙齿做涂层。一方面涂层中的毒素会由此渗入人体，另一方面牙齿继续生长，会顶破涂层，而就在这些涂层破裂的地方特别容易产生龋齿，因为平时根本无法清洁到这些部位。"

"有一次我无法启动汽车，电量显示器一直在闪。当时车才买两个月，电池应该没有问题。这是提示么？当时我正准备开车去找我的理财顾问谈投资的事情。我意识到这个提示后，立刻就打定主意不能冲动，要仔细考虑他推荐的理财产品。突然车就可以启动了。那天我没有签任何认购合同。这件事已经过去半年了，此后电池再也没有出现过问题。"

一位女士想买保温瓶，她告诉我们："我到一家专门卖保温瓶的商店，看商品的时候服务员还给我提供了很好的建议。突然我有一种被掠夺感，当时自己也不明白这种感觉从何而来。我很喜欢保温瓶的样式，而且为我服务的店员态度很好。我不理解为什么会有这种不舒服的感觉。我在那买下了一个保温瓶。在我住的城市还有一家专卖保温瓶的商店，我顺便进去看了一下，发现同样的保温瓶在这里便宜两成。我买贵了。可惜我当时没有相信自己的感觉，以这种掠夺的方式对待我的钱包。"

"有次去建材市场买东西，我付出了高昂的代价。那天是个周六，所以停车场几乎都被占满了。我女朋友下车去找停车位。当她向我示意占了一个空位的时候，我自己其实也看到了另一个空位。但我还是朝她的方向去了，尽管当时有种不好的预感。当我们准备驾车离开时，已经有辆红色汽车在等我们的车位。我女朋友当时还没有上车，想在我倒车的时候帮我看着点。这时正好有辆红色汽车准备离开，这样就有两辆同样颜色的汽车在我后面。我没有注意到第二辆车，而是根据女朋友的手势一下子把车往后倒了一大截，结果撞车了。'信人不如信己'，但我一个下午就两次被他人左右。"

"我和丈夫分开后得决定是单独住还是和我二十岁的女儿一起住。当时一系列的事件帮助我打定了主意。我在商场里碰到了女儿，居然一开始没有认出她来。这是提示我应该认识到什么。我决定要尤其留心身边的事情。我一直渴望自由，希望能照自己的方式自由生活。在找房子的时候，我女儿帮我记了一位房主的电话，但她把号码记错了，当我照这个电话打过去时，接电话的是冯·弗莱雷本（该姓的德语意思为自由生活）男爵夫人。之后我决定自己单独住，而且很快找到了合适的房子。后来我发现，房主是我父母的老邻居，在我很小的时候就认识我了。"

"我的弱点是比较小气。有次我出去参加讲座，结束的时候到酒店结账，付了房费和两顿餐费。当时一同参加讲座的人也去付钱，我听到他好像比我少付六欧元。我就特意去前台问个明白，结果发现是我听错了。当时情景十分尴尬。

后来我和女朋友一起开车回家，路上看到一片地上种满了向日葵，旁边立了块牌子：鲜花采摘园。我没看到收钱的人，而且那里也没有自动投币机，我们就采了几朵花。然后突然有位自称园主的妇女冲了出来，说我们偷东西。她要价五十欧元，我觉得那些花根本不值这么多钱，不愿掏钱。但她威胁说要去告我们，还记下了我的车牌号。经过漫长的讨价还价，我还是付了钱乖乖走人。贪小便宜让我付了大价钱。"

"有次我做有关莫扎特的报告，请一位朋友帮我准备材料。尽管她没时间，但还是答应帮我忙。在自己的藏书中，她只找到很少的有关我要探讨的那部作品的资料。后来她就去买了张CD，准备自己来分析这部作品。她凌晨三点起床，想在上班前把事情办好。结果她的电脑突然死机，而且无法重启。后来发现是电线负荷太高，她的电脑未能'幸免于难'。她在事后很久才告诉我这一情况，而且也说了自己当时的想法。她的'助人综合征'又发作了。因为她爱好音乐，一切和音乐有关的事情她都爱做。所以她没有觉察出这是次考验，尽管时间不够，还是答应了我的请求。我也是火上浇油，因为我应该早点请她帮忙。所以我也赔偿了一部分由此产生的损失。"

"有次我开车去上班。因为路两边堆着雪，道路变得特别狭窄。我看到一辆车朝我高速驶来。我觉得两车之间的间隙可能太小，所以尽量靠右开。突然'咔嚓'响了一声，我的后视镜不见了。它被那辆车的后视镜撞掉了。那位司机没作停留，反倒是加大油门开走了。这意味着什么？我想起这几天我一直在回想过去不能自拔。我一直在回望，而不是置身当下。后视镜被撞是提示我要走出这种状态。"

才能表

人类的才能无穷无尽，或许我们自知的才能仅仅是冰山一角。让我们一起举笔，标出那些已经掌握的才能，增添遗漏的才能。(德文原文中按首字母排序)

A	进退有度、有同情心、善于分析、谨慎
B	有感染力、善于描述、机灵
C	有魅力
D	讲究策略、遵守纪律、注重细节、坚持不懈
E	善解人意、措辞得当、工作高效、有灵感、鼓舞他人
F	敏锐、体贴、友好、快乐、有想象力、灵活、无私、领导力、审美能力、鉴赏能力
G	给人安全感、有耐心、心胸开阔、有品位（着装、家居等）、好客、精确、公正、慷慨、注重保养、心态放松、忍耐、善于规划
H	幽默、礼貌、开心、真诚、乐于助人、心灵手巧
I, J	善于创新、兴致盎然
K	善于交流、乐于沟通、有合作意识、有艺术天分、有商业头脑、善于烹饪、有创意
L	温柔、好学、忠诚、风趣、有工作能力

M	知人善任、有音乐或数学天赋、勇敢、体贴、有绘画才能、能鼓励他人
N	朴实、中立、坚强、懂得拒绝、会缝纫、博爱
O	秩序、外向、客观、乐观、独特、有方向感、有组织能力
P	守时、务实、积极、有责任感、有敏锐的政治直觉、有诗意、有计划性、善抓重点
Q	有质量意识
R	考虑周全、恭敬、镇静、善于辞令、稳定大局
S	无私、节约、有上进心、坚定、有运动精神、敏感、战略思维、自律、自信、善于发现美、有表演天赋、有写作天赋
T	得体、坚贞、勇敢、宽容、进取、有团队精神、生机勃勃、能歌善舞
U	独立、不偏不倚、诲人不倦、总揽全局、明辨是非
V	尽职尽责、值得信赖、沉默是金、有预见性、通情达理、周到、可靠、有谈判技巧、有销售才能、别出心裁、以身作则
W	明智、好学、意志坚强、有经济头脑、思路清晰、明辨轻重缓急、实事求是、富有远见
Z	扎实、目标明确、善解人意、知足常乐、善于倾听、善于利用和分配时间、善于发现事情之间的关联

参考文献

艾克哈德·阿尔腾米勒：《音乐有助于加强大脑中各部分的联系》，出自德国神经学协会第八十届大会报告，刊登于《*Bio*》，2008 年第一册，第 40 页，BIO Ritter 有限责任公司出版，德国图青

艾琳·凯蒂：《打开心灵之窗》，德国古塔赫：Greuthof 出版社，1989 年出版

皮埃尔·弗朗克：采访，刊登于《*ökostadt Report*》杂志，ökostadt Rheinland 协会出版，德国布吕根

汉斯·哈斯：摘录，见网页 www.hans-hass.de/Energon/Das verborgene Gemeinsame.html；Die Wirkungsträger.html

黑德维希·哈耶都 / 埃尔弗丽达·米勒－凯因茨：《孩子需要引导》。自行出版，2005 年出版

黑德维希·哈耶都／埃尔弗丽达·米勒－凯因茨：《成功每一天的小窍门》。自行出版，第 3 版，2006 年出版

黑德维希·哈耶都／埃尔弗丽达·米勒－凯因茨：《专注的力量》。慕尼黑：Langen Müller/Herbig 出版社，1992 年出版

埃尔弗丽达·米勒－凯因茨／索里希·克里斯蒂娜：《直觉的力量》。慕尼黑：Knaur/MenSana 出版社，2003 年出版

埃尔弗丽达·米勒－凯因茨／施泰因加斯那尔·贝阿特瑞斯：《保持活力和年轻》。自行出版，第 8 版修改版，2007 年出版

埃尔弗丽达·米勒－凯因茨／施泰因加斯那尔·贝阿特瑞斯：《疾病告诉我们什么》。慕尼黑：Universitas 出版，1997 年出版

莱奥·普罗特曼：《灵魂是什么？》，刊登于《Wege》杂志。Wege 出版社，Roman Schreuer, 21 Jg.，第 4 册，2007 年出版

弗里德曼·舒尔茨·冯·图恩：《相互交谈》第一册，《干扰和解释》。汉堡赖恩贝克：Rowohlt 出版社，1981 年出版

马克斯·乌雷：《从混沌到宇宙》，第 8 卷。奥利地玛利亚恩泽尔斯多夫：Biosophia 出版社，1995 年出版

Original title: LEBENSGESETZE ALS WEGWEISER VON
UNIVERSELLER GÜLTIGKEIT
by Elfrida Müller-Kainz, Hedwig Hajdu
© 2008 Integral Verlag, a division of Verlagsgruppe Random House
GmbH, München, Germany
Chinese language edition arranged through HERCULES Business &
Culture GmbH, Germany

上海市版权登记　图字: 09-2014-510